Vågn op, Israel

*"Solen forvandles til mørke
og månen til blod,
før Herrens store og frygtelige dag kommer.
Og enhver,
som påkalder Herrens navn,
skal frelses.
For på Zions bjerg og i Jerusalem
skal der være redning
– som Herren har sagt –
for de undslupne som Herren kalder på"*

(Joels Bog 3:4-5)

Vågn op, Israel

Dr. Jaerock Lee

Vågn op, Israel ot Dr. Jaerock Lee
Udgivet af Urim Books (Repræsentant: Seongnam Vin)
73, Yeouidaebang-ro 22-gil, Dongjak-gu, Seoul, Korea
www.urimbooks.com

Alle rettigheder er reserveret. Denne bog eller dele heraf må ikke reproduceres, lagres eller transmitteres på nogen måde, hverken elektronisk, mekanisk, som kopi eller båndoptagelse uden skriftlig tilladelse fra udgiveren.

Medmindre andet bemærkes er alle citater fra Bibelen, Det Danske Bibleselskab, 1997.

Copyright © 2020 ved Dr. Jaerock Lee
ISBN: 979-11-263-0598-8 03230
Oversættelses Copyright © 2010 ved Dr. Esther K. Chung. Brugt med tilladelse.

Tidligere udgivet på koreansk af Urim Books i 2007

Første udgivelse: februar 2020

Redigeret af Dr. Geumsun Vin
Design: Redaktionsbureauet ved Urim Books
Tryk: Yewon Printing Company
For yderligere information: urimbook@hotmail.com

Indledning

Ved begyndelsen af det 20. århundrede skete der en bemærkelsesværdig række hændelser i Palæstinas golde land, hvor ingen ønskede at leve på daværende tidspunkt. Jøderne, som var blevet spredt ud over Østeuropa, Rusland og resten af kloden, begyndte af samle sig på dette land, som var fyldt af tidsler, fattigdom, hungersnød, sygdomme og lidelser.

Til trods for en høj dødelighed på grund af malaria og sult, mistede jøderne ikke deres store tro og deres ambitioner, men gik i gang med at bygge kibbutzer (israelske arbejdssteder, for eksempel landbrug eller fabrikker, hvor arbejderne lever sammen og deler alle pligter og indtægter). Ophavsmanden til moderne Zionisme, Theodor Herzl, sagde: "Hvis du vil det, er det ikke kun en drøm." På samme måde blev genoprettelsen af Israel en realitet.

Genoprettelsen af Israel blev vurderet til at være en umulig drøm, og ingen var parat til at tro på det. Jøderne opnåede ikke desto mindre denne drøm, og med fødslen af staten Israel genvandt de på mirakuløs vis deres egen nation for første gang i omkring 1900 år.

Israels folk havde holdt fast i deres tro, kultur og sprog, og havde kontinuerligt stræbt efter forbedringer af disse, til trods for århundreder med forfølgelser og lidelser, hvor de havde været spredt ud i lande, der ikke var deres egne. Efter grundlæggelsen af den moderne stat Israel, kultiverede de den golde jord og lagde stor vægt på udviklingen af en varieret industri, som førte deres land op på niveau med de udviklede lande. Dette bemærkelsesværdige folk har holdt ud og fået fremgang midt i konstante udfordringer og trusler overfor selve nationens overlevelse.

Efter grundlæggelsen af Manmin Centralkirke i 1982 har Gud åbenbaret mange ting om Israel for mig med Helligåndens inspiration, fordi Israels uafhængighed er et tegn i de sidste dage og en opfyldelse af Bibelens profeti.

"Hør Herrens ord, I folkeslag, forkynd på de fjerne øer, og sig: Han, som spredte Israel, samler dem, han vogter dem som hyrden sin hjord" (Jeremias' Bog 31:10).

Gud har udvalgt Israels folk til at åbenbare det forsyn, hvormed han har skabt og kultiveret mennesket. For det første gjorde Gud Abraham til "troens forfader", og indsatte Jakob, Abrahams barnebarn, som Israels grundlægger,. Gud har bekendtgjort sin vilje overfor Jakobs efterkommere og opnået forsynet for menneskehedens kultivering.

Da Israel troede på Guds ord og vandrede i overensstemmelse med hans vilje i lydighed, havde landet stor herlighed og ære blandt nationerne. Men da det fjernede sig fra Gud og var ulydigt overfor ham, blev landet udsat for mange forskellige lidelser, inklusiv invasion fra fremmede lande, og dets folk blev tvunget til at leve som vagabonder, spredt ud over hele verden.

Selv da Israel stod overfor vanskeligheder på grund af dets synder, blev landet hverken forsaget eller glemt af Gud. Israel har altid været bundet til Gud gennem hans pagt med Abraham, og Gud har konstant arbejdet til landets fordel.

Under Guds ekstraordinære omsorg og vejledning er Israels folk blevet bevaret, har opnået uafhængighed og er endnu engang blevet nationen over alle nationer. Hvordan er israelitterne blevet bevaret og hvorfor er Israel blevet genoprettet?

Mange mennesker siger: "Det er et mirakel, at en jødisk

nation er overlevet." Den forfølgelse og undertrykkelse, som det jødiske folk blev udsat for under sit eksil, overgik enhver beskrivelse og forestillingsevne, og Israels historie bliver kun beskrevet sandfærdigt i Bibelen.

Men jøderne vil blive udsat for en endnu større grad af fortvivlelse end det, de allerede har oplevet, efter Jesu Kristi genkomst. De mennesker, som har taget imod Jesus som deres Frelser, vil naturligvis blive løftet op i luften og tage del i bryllupsfesten med Herren. Men de, som ikke har taget imod Jesus som deres Frelser, vil dog ikke blive løftet op i luften ved hans genkomst, og vil lide under den syv år lange prøvelse.

> *"Nu kommer den dag, der brænder som en ovn; da bliver alle de overmodige og alle, der handler ugudeligt, til strå. Dagen, der kommer, skal sætte ild til dem, siger Hærskarers Herre, så der hverken bliver rod eller grene tilbage"* (Malakias' Bog 3:19).

Gud har allerede åbenbaret de katastrofer, som vil finde sted under den syv år lange prøvelse for mig. Derfor er det mit oprigtige ønske, at Israels folk, som er Guds udvalgte, straks accepterer Jesus, som gik på jorden for ca. 2000 år siden, som deres Frelser, sådan at ingen af dem vil blive efterladt for at lide under den store prøvelse.

Ved det 25. jubilæum for Manmin Centralkirke har jeg skrevet og dedikeret dette værk, som giver svar på jødernes tusind år lange tørst efter Messias og på evindelige spørgsmål, som konstant rejses.

Må læserne af denne bog tage Guds desperate budskab om kærlighed til sig og straks møde Messias, som Gud har sendt til hele menneskeheden!

Jeg elsker jer alle af hele mit hjerte.

November 2007
Ved Gethsemane Bedehus

Jaerock Lee

Forord

Jeg giver al tak og ære til Gud, som har guidet os og velsignet os til at udgive *Vågn op, Israel!* i de sidste dage. Dette værk er blevet udgivet i overensstemmelse med Guds vilje, i forsøg på at vække og frelse Israel, og det er organiseret ud fra den umådelige kærlighed fra Gud, som ikke ønsker at miste så meget som en eneste sjæl.

Kapitel 1, "Israel: Guds udvalgte" udforsker grunden til, at Gud har skabt og kultiveret menneskeheden på jorden, og hans forsyn, hvormed han har valgt og hersker over Israels folk, som særligt udvalgte i menneskehedens historie. Dette kapitel introducerer også Israels store forfædre og vor Herre, som kom til denne verden i overensstemmelse med profetien, som havde forudsagt, at Frelseren af alle mennesker ville komme fra Davids hus.

Kapitel 2, "Messias sendt af Gud", vidner om, at Jesus er

Messias, hvis ankomst Israel stadig venter på med iver. Kapitlet beskriver desuden, hvordan han opfylder alle kravene som menneskehedens Frelser ud fra loven om indløsning af land. Alt dette er baseret på profetier i Bibelen vedrørende Messias.

Det tredje kapitel, "Den Gud, som Israel tror på", kiggere nærmere på det israelske folk, som strengt adlyder loven og dens traditioner. Det undersøges, hvad det er, der behager Gud. Desuden minder kapitlet israelitterne om, at de har distanceret sig fra Guds vilje på grund af den selvskabte traditionen med ældre, og de tilskyndes dem til at forsøge at forstå Guds sande vilje, for de var de første, som blev givet loven, så de opfordres til at opfylde den med kærlighed.

I det sidste kapitel "Se og lyt!" undersøges vores samtid, som i Bibelen beskrives i profetier om tidens afslutning. Desuden ses der nærmere på antikrists forestående komme og der gives et overblik over den syv år lange prøvelse. Desuden bønfalder det sidste kapitel Israels folk om ikke at forsage den sidste mulighed for frelse. Det vidner om to af Guds hemmeligheder, som er blevet beredt i hans uendelige kærlighed, sådan at israelitterne kan blive frelst i de sidste øjeblikke af menneskehedens kultivering.

Da det første menneske Adam begik ulydighedens synd og blev uddrevet fra Edens have, lod Gud ham leve på Israels land. Fra da af har Gud ventet i årtusinder under hele historien for menneskehedens kultivering, og han venter stadig i håb om at opnå sande børn.

Der er ingen tid at spilde. Må I hver især indse, at vores tid er de sidste dage, og berede jer på at tage imod Herren, som kommer igen som Kongerne Konge og Herrernes Herre. Det beder jeg oprigtigt om i hans navn.

November 2007
Geum-sun Vin,
Ledende redaktør

Indholdsfortegnelse

Indledning
Forord

Kapitel 1
Israel: Guds udvalgte

Begyndelsen til menneskehedens kultivering _ 3
Store forfædre _ 17
Mennesker som vidner om Jesus Kristus _ 35

Kapitel 2
Messias sendt af Gud

Guds løfte om Messias _ 55
Messias' kvalifikationer _ 61
Jesus opfylder profetierne _ 76
Jesu død og profetierne om Israel _ 84

Kapitel 3
Den Gud, som Israel tror på

> Loven og traditionerne _ 93
> Guds sande formål med at give loven _ 103

Kapitel 4
Se og lyt!

> Mod tidens afslutning i verden _ 123
> De ti tæer _ 140
> Guds ufejlbarlige kærlighed _ 152

"Star of David," a symbol of Jewish community, on the flag of Israel

Kapitel 1
Israel: Guds udvalgte

Begyndelsen til menneskehedens kultivering

Moses var Israels store leder, som frigjorde sit folk fra Egyptens fangeskab, førte dem til Kana'ans hellige land og tjente som Guds stedfortræder. Han begynder sit ord i Første Mosebog på følgende måde:

"I begyndelsen skabte Gud himlen og jorden" (1:1).

Gud skabte himlene og jorden og alt i dem på seks dage, og hvilede dermed velsignet og helliget på den syvende dag. Men hvorfor skabte Gud Skaberen universet og alt i det? Hvorfor har han skabt menneske og ladet utallige mennesker leve på jorden siden Adam?

Gud søgte nogen, som han kunne udveksle sin kærlighed med til evig tid

Før skabelsen af himlen og jorden eksisterede den almægtige Gud i det grænseløse univers som lys, hvori der var indlejret lyd. Efter lang tids ensomhed ønskede Gud at have nogen, som han kunne udveksle sin kærlighed med til evig tid.

Gud har ikke kun den guddommelige natur, der definerer han som Skaberen, men også en menneskelig natur, hvormed han føler glæde, sorg og velbehag. Så han ønsker at elske nogen og at blive elsket. I Bibelen er der mange referencer, som viser, at Guds har menneskelig natur. Han glædede og frydede sig over israelitternes retfærdige handlinger (Femte Mosebog 10:15; Ordsprogenes Bog 16:7), men sørgede og blev vred på dem, da de syndede (Anden Mosebog 32:10; Fjerde Mosebog 11:1; 32:13).

Enhver kan til tider ønske at være alene, men man vil blive mest glad og lykkelig, hvis man har en ven, man kan dele sit hjerte med. Da Gud har en menneskelig natur, ønsker han at have nogen, som han kan give sin kærlighed til, hvis hjerte han kan udgrunde og omvendt.

"Ville det ikke være glædeligt at have børn, som kunne fatte mit hjerte og som jeg kunne give min kærlighed og modtage kærlighed fra i dette udstrakte, og dog dybsindige rige?"

På et udvalgt tidspunkt udformede Gud derfor en plan om at få sande børn, som kunne ligne ham. Til det formål skabte han ikke alene det spirituelle rige, men også det fysiske rige, hvor menneskeheden skulle leve.

Nogle vil måske undre sig og tænke: "Der er mange himmelske skarer og engle i himlen, og de er udpræget lydige. Hvorfor gjorde Gud sig den ulejlighed at skabe mennesket?" Med undtagelse af nogle få engle har de fleste himmelske skabninger dog ikke det aspekt af den menneskelig natur, som er det væsentligste element i forhold til at give og modtage kærlighed: Fri vilje, hvormed de selv kan vælge. Sådanne himmelske væsner er ligesom robotter; de er lydige og gør, som de får besked på, men føler hverken glæde, vrede, sorg eller behag, og de er ude af stand til at give og modtage kærlighed af hjertets grund.

Lad os forestille os to børn. Det ene er lydigt og gør, som han får besked på, men udtrykker aldrig sine følelser, meninger eller sin kærlighed. Det andet barn skuffer til tider sine forældre på grund af sin frie vilje, men er hurtig til af fortryde, når han gør noget forkert, klynger sig til sine forældre i kærlighed og udtrykker sit hjerte på forskellige måder.

Hvem ville læseren foretrække af disse to? De fleste ville nok vælge det sidste barn. Selv om man kunne få en robot, som udførte alle opgaver, så var der ingen, der ville foretrække robotten frem for deres egne børn. På samme måde foretrak Gud et menneske, som med glæde ville adlyde ham med sin fornuft og sine følelser, frem for den robotagtige himmelske skare og englene.

Guds forsyn for at få sande børn

Efter at have skabt det første menneske Adam, fortsatte Gud med at skabe Edens have og lod mennesket herske over den. Der var rigeligt af alt i Edens have, og Adam herskede over alle ting med den fri vilje og autoritet, som Gud havde givet ham. Men der var dog en ting, som Gud forbød ham.

> *"Du må spise af alle træerne i haven. Men træet til kundskab om godt og ondt må du ikke spise af, for den dag du spiser af det, skal du dø!"* (Første Mosebog 2:16-17)

Dette var den orden, som Gud havde etableret mellem Gud Skaberen og menneskeheden, og han ønskede, at Adam skulle adlyde ham af egen fri vilje og af hjertets grund. Efter lang tid skete det dog, at Adam ikke huskede på Guds ord, og han begik ulydighedens synd ved at spise fra træet til kundskab om godt og ondt.

I Første Mosebog 3 er der en scene, hvor slangen, som er blevet opildnet af Satan, spørger Eva: "Har Gud virkelig sagt, at I ikke må spise af træerne i haven?" (vers 1) og Eva svarer: "Frugten på det træ, der står midt i haven, har Gud sagt, at vi ikke må spise af og ikke røre ved, for ellers skal vi dø!" (vers 2)

Gud havde tydeligt sagt til Eva: "Den dag, du spiser af det, skal du dø!", men hun ændrede på befalingen og sagde: "Vi skal dø."

Da slangen indså, at Eva ikke havde taget Guds befaling til sig, blev den mere aggressiv med sine fristelser: "Vist skal I ikke dø! Men Gud ved, at den dag I spiser af den, bliver jeres øjne åbnet, så I bliver som Gud og kan kende godt og ondt" (vers 5).

Da Satan pustede grådighed ind i kvindens sind, kom træet til kundskab om godt og ondt til at se anderledes ud i hendes øjne. Træet så ud til at være godt at spise af. Det var tiltrækkende at se på og også godt at få indsigt af. Eva spiste dets frugter, og gav også nogen til sin mand, og han spiste.

Sådan begik Adam og Eva den synd at være ulydige overfor Guds ord, og i sidste ende måtte de dø (Første Mosebog 2:17).

"Døden" henviser her ikke til den kødelige død, når vejrtrækningen stopper, men til den spirituelle død. Efter at Adam havde spist af kundskabens træ, fik han børn og døde i en alder af 930 år (Første Mosebog 5:2-5). Alene på baggrund af dette ved vi, at "død" ikke referere til den fysiske død.

Mennesket blev oprindeligt skabt som en blanding af ånd, sjæl og krop. Gennem ånden kunne det kommunikere med Gud, og sjælen var under åndens kontrol; kroppen fungerede som beskyttelse for både ånden og sjælen. Som følge af at have forsaget Guds befaling og at have begået en synd, døde ånden, og dens kommunikation med Gud blev forringet. Dette er den "Død" som Guds talte til os om i Første Mosebog 2:17.

Efter at Adam og Eva havde syndet, blev de uddrevet af den smukke og frodige Edens have. Sådan begyndte hele menneskehedens lidelse. Smerten ved at føde børn blev i høj grad forøget for kvinden, som nu skulle begære sin mand og lade ham herske over sig, mens manden skulle spise i sit ansigts sved alle sine dage (Første Mosebog 3:16-17).

Første Mosebog 3:23 fortæller os: *"Så sendte Gud Herren*

dem ud af Edens have til at dyrke agerjorden, som de var taget af." Det at dyrke jordet betyder ikke kun at mennesket skulle få sine afgrøder fra jorden, men henviser også til den jord, de er formet af. Mennesket skal således også kultivere sit hjerte i sin levetid på jorden.

Menneskehedens kultivering begynder med Adams synd

Adam blev skabt som et levende væsen, og havde ikke noget ondt i hjertet, så han havde ikke behov for at kultivere det. Efter sin synd var Adams hjerte dog plettet med usandhed, og så måtte han kultivere sit hjerte for at gøre det lige så rent, som det havde været før synden.

Efter sin synd måtte Adam således kultivere sit hjerte, som var blevet fordærvet af usandhed og synd, og gøre det rent, sådan at han kunne blive et sandt barn af Gud. Når Bibelen fortæller os at Gud sendte ham ud af Edens have til at dyrke agerjorden, som de var taget af, henvises der til Guds kultivering af menneskeheden.

Normalt henviser ordet "kultivering" til landmandens proces med at så sæden, tage vare på planterne og høste afgrøderne. For at "kultivere" mennesket på jorden og få gode frugter i form af sande børn, såede Gud den første sæd, Adam og Eva. Gennem Adam og Evas ulydighed overfor Gud er utallige børn blevet født og genfødt som Guds børn gennem en kultivering af deres hjerte og en genskabelse af Guds tabte billede.

Guds kultivering af menneskeheden henviser dermed til hele den proces, hvormed Gud hersker over menneskehedens historie, fra Skabelse til Dommedag, for at få sande børn.

Ligesom en landmand må overvinde oversvømmelser, tørke, frost, hagl og skadedyr for til sidst at høste smukke og gode frugter, kontrollerer Gud alt for at opnå sande børn, som har gennemgået død, sygdom, adskillelse og andre former for lidelser under deres liv på jorden.

Grunden til at Guds satte kundskabens træ i Edens have

Nogle mennesker spørger: "Hvorfor satte Gud kundskabens træ i Edens have, hvorved mennesket syndede og blev ført mod ødelæggelsen?" Grunden til at Gud satte kundskabens træ i haven er, at det var en del af hans forsyn for at føre mennesket til at blive opmærksomt på "relativiteten."

De fleste mennesker antager, at Adam og Eva var lykkelige over at leve i Edens have, fordi der hverken var tårer, sorg, sygdom eller lidelse. Men de kendte ikke til sand lykke og kærlighed, for de havde ingen anelse om relativiteten i Edens have.

Lad os forestille os, hvordan to børn, som var født i henholdsvis en velstående og en fattig familie ville reagere, hvis man gav dem det samme legetøj. Barnet i den fattige familie ville glæde sig af hjertets grund og være mere taknemmeligt end barnet i den velstående familie.

For at forstå den sande værdi af en ting, må man kende til dets modsætning. Det er først, når man har lidt af sygdomme, at man vil være i stand til for alvor at værdsætte et godt helbred. Det er først, når man bliver bevidst om døden og helvede, at man vil være i stand til at forstå det evige livs værdi og takke kærlighedens Gud af hjertets grund, fordi han har givet os den evige himmel.

I den frodige Edens have nød det første menneske Adam alle de ting, som Gud havde givet ham, selv autoriteten til at herske over alle de andre skabninger. Men da dette ikke var frugten af hans møje og sved, var han ikke i stand til for alvor at forstå betydningen af det og værdsætte Gud. Først da Adam blev uddrevet til denne verden og oplevede tårer, sorg, sygdomme, lidelse, ulykke og død, indså han forskellen mellem glæde og sorg, og forstod den værdifulde frihed og velstand, som Gud havde givet ham i Edens have.

Hvilken glæde ville vi have af det evige liv, hvis vi ikke kendte til glæde og sorg? Selv om man må gennemgå vanskeligheder i et stykke tid, så vil vores liv i langt højere blive lødige og velsignede, hvis vi senere kan sige: "Dette er glæde."

Findes der nogen forældre, som undlader at sende deres børn i skole, og lader den blive hjemme, bare fordi det er svært at lære? Hvis forældre i sandhed elsker deres børn, så sender de dem i skole og hjælper dem til at studere de vanskelige ting med flid og opleve forskellige ting, sådan at de vil få en bedre fremtid.

Gud hjerte, hvormed han skabte menneskeheden og har kultiveret dem indtil nu, er præcist det samme. Derfor satte Gud kundskabens træ i Edens have, undlod at hindre Adam i at spise af træet i fri vilje, og lod ham opleve glæde, vrede, sorg og behag under menneskehedens kultivering. Dermed kan mennesket af hjertets grund elske og tilbede Gud, som i sig selv er kærlighed og sandhed, for det har oplevet relativiteten og fatter dermed sand kærlighed, glæde og taknemmelighed.

Gennem den menneskelige kultivering ønsker Gud at opnå sande børn, som kender hans hjerte og efterligner det, og som vil være hos ham i himlen, hvor de gensidigt vil elske hinanden til evig tid.

Menneskehedens kultivering begynder i Israel

Da det første menneske Adam blev uddrevet af Edens have efter sin ulydighed overfor Guds ord, fik han ikke lov at vælge, hvor han ville bosætte sig. I stedet tildelte Gud ham et område, og dette område var Israel.

Guds vilje og forsyn var indlejret i denne handling. Efter at have udformet den store plan for menneskehedens kultivering, udvalgte Gud Israels folk som model for kultiveringen. Derfor lod Gud Adam leve et nyt liv på den jord, hvor nationen Israel senere blev opbygget.

Som tiden gik opstod der utallige nationer blandt Adams efterkommere, og nationen Israel blev oprettet på Jakobs tid. Jakob var efterkommer af Abraham. Gud ønskede at åbenbare sin herlighed og sit forsyn for menneskehedens kultivering gennem Israels historie. Ikke kun overfor israelitterne, men overfor alle mennesker verden over. Israels historie, som Gud selv har taget hånd om, er derfor ikke kun historien om et folk, men et guddommeligt budskab til hele menneskeheden.

Så hvorfor valgte Gud Israel som model for menneskehedens kultivering? Det skyldes israelitternes ypperlige karakter, deres fremragende indre væren.

Israel er efterkommer af troens fader Abraham, som behagede Gud, og af Jakob, som var så vedholdende, at han kæmpede med Gud og vandt. Det er derfor, israelitterne ikke har mistet deres identitet selv efter at have mistet deres hjemland og have levet som vagabonder i århundreder.

Frem for alt har Israels folk gennem tusindvis af år bevaret Guds ord, som det er blevet profeteret gennem gudelige mennesker, og de har levet ved det. Det er naturligvis sket, at hele nationen har fjernet sig fra Guds ord og syndet mod ham, men i sidste ende har de angret og vendt tilbage til Gud. De har aldrig mistet troen på deres Herre Gud.

Genoprettelsen af et uafhængigt Israel i det 20. århundrede viser tydeligt, hvilken form for hjerte Jakobs efterkommere har.

Ezekiels bog 38:8 fortæller os: *"Når lang tid er gået, skal du mønstres. Når årene er omme, skal du rykke frem mod det land, som er genrejst efter sværdet, og hvis indbyggere er blevet samlet fra mange folkeslag på Israels bjerge, som længe havde ligget øde hen. De blev hentet hjem fra folkene og bor nu alle trygt."* "Når årene er omme" henviser her til tidens afslutning, når menneskehedens kultivering skal afsluttes, og "Israels bjerge" henviser til byen Jerusalem, som ligger næsten 760 meter over havoverfladen.

Så når profeten Ezekiel siger, at "indbyggere er blevet samlet fra mange folkeslag på Israels bjerge", så betyder det, at israelitterne ville samles fra hele verden og genoprette staten Israel. I overensstemmelse med Guds ord erklærede Israel, der blev ødelagt af romerne i år 70, sig som uafhængig stat d. 14. maj 1948. Landet havde ligget øde hen, men i dag har israelitterne opbygget en stærk nation, som ikke kan overses eller betvivles.

Formålet med at Gud har udvalgt israelitterne

Hvorfor begyndte Gud menneskehedens kultivering i Israels land? Hvorfor valgte Gud Israels folk og hvorfor styrer han Israels historie?

For det første vil Gud gennem Israels historie forkynde for alle nationer, at han er Skaberen af himlene og jorden, at kun han er den sande Gud, og at han lever. Gennem studiet af Israels historie kan selv ikke-jøder med lethed fornemme Guds nærvær og fatte hans forsyn for menneskehedens historie.

"...så alle jordens folk får at se, at Herrens navn

er nævnt over dig, og må frygte for dig" (Femte Mosebog 28:10).

"Lykkelig er du, Israel, Hvem er som du? Et folk, som Herren giver sejr, dit hjælpende skjold, din højheds sværd. Dine fjender skal krybe for dig, og du skal træde på ryggen af dem" (Femte Mosebog 33:29).

Israel, Guds udvalgte, har nydt et stort privilegium, hvilket fremgår tydeligt af Israels historie.

For eksempel da Rahab modtog de to mænd, som Josva havde sendt af sted for at spionere i Kana'ans land. Hun sagde til dem: *"Vi har hørt om, hvordan Herren udtørrede sivhavet foran jer, dengang I drog ud af Egypten, og hvad I gjorde ved de to amoritterkonger øst for Jordan, Sihon og Og, som I lagde band på. Da vi hørte det, mistede vi modet, og vi følte os alle sammen magtesløse overfor jer, for Herren jeres Gud er Gud både oppe i himlen og nede på jorden"* (Josvabogen 2:10-11).

Under israelitternes fangeskab i Babylon gik Daniel med Gud, og kongen af Babylon, Nebukadnesar, oplevede Daniels Gud. Efter denne oplevelse kunne han kun lovsynge, ophøje og ære himlens konge, for *"Alle hans handlinger er rigtige og hans veje er retfærdige. Den, der vandrer i hovmod, kan han ydmyge"* (Daniels bog 4:37).

Det samme skete, mens Israel var under Persiens herredømme. Da folket så den levende Guds gerning som svar på Dronning Esters bøn, var reaktionen at *"mange af landets folk gik over til jødedommen, for de var grebet af rædsel for jøderne"* (Esters bog 8:17).

Selv de ikke-jøder, som oplevede den levende Gud, der arbejdede for israelitternes bedste, begyndte at frygte og tilbede Gud. Og i eftertiden kan vi lære Guds herredømme at kende på baggrund disse hændelser, og tilbede ham.

For det andet har Gud udvalgt Israel og guidet dets folk, fordi han ønsker, at hele menneskeheden gennem Israels historie skal indse årsagen til, at han har skabt mennesket og kultiveret det.

Gud kultiverer menneskeheden, fordi han søger at få sande børn. Et sandt barn af Gud er en person, som ligner Gud, der er essensen af godhed og kærlighed, og som er retfærdig og hellig. Sådanne børn af Gud vil elske ham og leve efter hans vilje.

Da Israel levede ved Guds befalinger og tjente ham, satte han israelitterne over alle folkeslag og nationer. Men da Israels folk tilbad falske guder og var hurtige til at forsage Guds bud, blev de udsat for alle former for lidelser og katastrofer i form af krig, naturkatastrofer og endda fangeskab.

Gennem hvert trin af processen lærte israelitterne at ydmyge sig for Gud, og hver gang de ydmygede sig, genoprettede Gud dem med sin ufejlbarlige medlidenhed og kærlighed, og bragte dem ind i sin nådes arme.

Da kong Solomo elskede Gud og overholdt hans befalinger, havde han stor ære og velstand, men da kongen begyndte at fjerne sig fra Gud og dyrke falske guder, falmede de goder, han tidligere havde nydt. Når kongerne i Israel såsom David, Joshafat og Hizkija gik i Guds lov, var landet magtfuldt og trivedes, men det var svagt og blev underlagt fremmede invasioner, når det blev styret af konger, som afviste Guds veje.

Israels historie åbenbarer på denne måde Guds vilje og tjener som et spejl, der viser Guds vilje for alle folkeslag og nationer. Hans vilje forkynder, at når mennesket, som er skabt i Guds billede og lighed, overholder hans befalinger og bliver hellige i overensstemmelse med hans ord, så vil de modtage Guds velsignelser og leve i hans velvilje.

Israel blev udvalgt blandt alle nationer og folkeslag til at åbenbare Guds forsyn, og har fået den overvældende velsignelse ved at tjene ham som en nation af præster, der har Guds ord. Selv når folket har syndet, har Gud tilgivet dem deres synder og genoprettet dem så længe de har angret med ydmyge hjerter, ligesom han lovede de store forfædre.

Frem for alt var den største velsignelse, som Gud lovede sit udvalgte folk, at Messias skulle komme og være blandt dem.

Store forfædre

Gennem menneskehedens lange historie har Gud holdt Israel under sin beskyttende vinge og sendt gudelige menneske på passende tidspunker, sådan at Israels navn ikke skulle forsvinde. De gudelige mennesker var dem, der viste sig som gode frugter i overensstemmelse med Guds forsyn for kultiveringen af menneskeheden, og som hvilede i Guds ord med kærlighed til ham. Gud lagde grundstenen til nationen Israel gennem landets store forfædre.

Abraham, troens fader

Abraham blev troens fader ved sin tro og lydighed, og blev starten på en stor nation. Han blev født for omkring fire tusind år siden i Ur i Kaldæa, og efter at han blev kaldet af Gud, vandt han Guds kærlighed og anerkendelse i sådan grad, at han blev kaldt Guds ven.

Gud kaldte Abraham og gav ham følgende løfte:

"Forlad dit land og din slægt og din fars hus, og drag til det land, jeg vil vise dig. Jeg vil gøre dig til et stort folk og velsigne dig. Jeg vil gøre dit navn stort, og

du skal være en velsignelse" (Første Mosebog 12:1-2).

På det tidspunkt var Abraham ikke længere en ung mand, han havde ingen arvinge og vidste ikke, hvor han skulle tage hen; det var således ikke nemt for ham at adlyde. Men selv om han ikke havde nogen anelse om, hvor han skulle han, tog han afsted, fordi han stolede fuldt og helt på Guds ord, og vidste, at Gud aldrig bryder sine løfter. Så Abraham gik i troen til enhver tid, i løbet af sin levetid fik han alle de velsignelser, Gud havde lovet ham.

Abraham viste ikke kun Gud fuldkommen lydighed gennem trofaste handlinger, men søgte også altid det bedste for folk omkring ham.

Det ses for eksempel, da Abraham forlod Haran i overensstemmelse med Guds bud, og hans nevø Lot kom med ham. Efterhånden ejede de begge meget, og de kunne ikke bo på samme land. Manglen på græsgange og på vand førte til "strid mellem Abrahams og Lots hyrder" (Første Mosebog 13:7). Selv om Abraham var den ældste, søgte han ikke sin fortjeneste. Han lod sin nevø Lot vælge det bedste stykke land. I Første Mosebog 13:9 siger han til Lot: *"Se, hele landet ligger åbent foran dig! Lad os gå hver til sit; vil du til venstre, går jeg til højre, og vil du til højre, går jeg til venstre."*

Da Abraham var en mand med et rent hjerte, tog han ikke så meget som en tråd eller en sandalrem eller noget andet, som tilhørte andre (Første Mosebog 14:23). Abraham var et menneske med spirituel kærlighed. Da Gud fortalte ham at

Sodoma og Gomorra, som var gennemtrængt af synd, ville blive ødelagt, bønfaldt han Gud om ikke at ødelægge byerne, hvis der skulle findes bare ti retfærdige mennesker.

Abrahams godhed og tro var så perfekt, at han adlød Gud befaling om at ofre sin enbårne søn som brændoffer.

I Første Mosebog 22:2 befalede Gud Abraham: *"Tag Isak, din eneste søn, ham du elsker, og begiv dig afsted til Morijalandet. Der skal du bringe ham som brændoffer på det bjerg, jeg giver dig besked om."*

Isak blev født, da Abraham var 100 år gammel. Før da havde Gud allerede fortalt Abraham, at den, som kom fra hans egen krop, skulle blive hans arving, og hans efterkommere ville blive så talrige som himlens stjerner. Hvis Abraham havde fulgt den kødelige tænkning, ville han ikke havde været i stand til at adlyde Gud befaling og ofre Isak. Men Abraham adlød øjeblikkeligt uden at spørge om årsagen.

Han byggede alteret, og i det øjeblik, han strakte hånden ud for at dræbe Isak, kaldte Guds engel på ham og sagde: *"Abraham, Abraham. Læg ikke hånd på drengen, og gør ham ikke noget! Nu ved jeg, at du frygter Gud, og end ikke vil nægte mig din eneste søn"* (Første Mosebog 22:11-12). Hvor er dette en velsignet og rørende scene!

Abraham satte aldrig sin lid til kødelig tænkning, og der var ingen konflikt eller angst i hans hjerte. Han kunne kun adlyde Guds befaling med tro. Han satte hele sin lid til den trofaste Gud, som med sikkerhed gør alt, hvad han lover, den almægtige Gud, som genopliver de døde, og kærlighedens Gud, som kun ønsker det bedste for sine børn. Da Abrahams hjerte var lydigt og viste troens handlinger, godtog Gud Abraham som troens fader.

> *"Fordi du har handlet sådan og ikke nægtet mig din eneste søn, vil jeg velsigne dig og gøre dine efterkommere så talrige som himlens stjerner og som sandet ved havets bred. Dine efterkommere skal erobre deres fjenders porte. Alle jordens folk skal velsigne sig i dit afkom, fordi du adlød mig"* (Første Mosebog 22:16-18).

Da Abraham havde den form for godhed og tro, som behagede Gud, blev han kaldt Guds ven, og udvalgt som troens fader. Han blev desuden alle nationers fader og en kilde til velsignelse, ligesom Gud lovede ham, da han kaldte ham første gang: *"Jeg vil velsigne dem, som velsigner dig, og den, der forbander dig, vil jeg forbande. I dig skal alle jordens slægter velsignes"* (Første Mosebog 12:3).

Guds forsyn gennem Jakob, Israels fader og Josef, drømmeren

Isak var søn af Abraham, troens fader, og fik selv to sønner Esau og Jakob. Gud udvalgte Jakob, som havde et bedre hjerte end sin bror, mens han stadig lå i sin moders skød. Jakob fik senere havnet Israel, og blev oprindelsen til nationen Israel ved at være fader til de tolv stammer.

Jakob var så ivrig efter at opnå Guds velsignelse og spiritualitet, at han byttede sig til sin ældre bror Esaus fødselsret og stjal sig til at få sin bror Esaus velsignelse ved at narre sin far Isak. Jakob havde bedrageriske træk i sig, men Gud vidste, at når først Jakob var blevet transformeret, ville han blive et godt redskab. Af den grund lod Gud ham gennemgå tyve års prøvelser, sådan at hans ego ville blive fuldkommen nedbrudt og han ville lære ydmyghed.

Da Jakob snuppede sin ældre bror Esaus fødselsret på denne snedige måde, forsøgte Esau at dræbe ham, og Jakob måtte flygte fra ham. Derefter kom Jakob til at leve hos sin onkel Laban, hvor han passede får og geder. Ham måtte arbejde hårdt med at passe dyrene, og i Første Mosebog 31:40 bekender han: *"Om dagen blev jeg fortæret af heden, og natten af kulden, og søvnen flygtede fra mine øjne."*

Gud lønner hver enkelt som han sår. Han så Jakob udføre sit arbejde trofast, og velsignede ham med stor velstand. Da Gud befalede Jakob at vende tilbage til sit hjemland, forlod han Laban og rejste afsted med sin familie og sine ejendele. Da de nåede til floden Jabbok, hørte Jakob at hans bror Esau ventede ham på den anden side af vandet med 400 mand.

Jakob kunne ikke vende tilbage til Laban på grund af det løfte, han havde givet ham. Han kunne heller ikke krydse floden og gå hen til Esau, som brændte med hævnlyst. I denne vanskelige situation satte Jakob ikke længere sin lid til egen visdom, men overlod alt til Gud i en bøn. Han rensede sig selv for enhver tanke, og bønfaldt oprigtigt Gud i den grad, at hans hofteskål gik af led.

Jakob kæmpede i sin bøn med Gud og sejrede, så Gud velsignede ham og sagde: *"Du skal ikke længere hedde Jakob, men Israel, for du har kæmpet med Gud og mennesker, og du har sejret"* (Første Mosebog 32:28). Derefter blev Jakob også genforenet med sin broder Esau.

Gud udvalgte Jakob, fordi han var så vedholdende og retskaffen, at han gennem prøvelserne var i stand til at blive et godt redskab, som skulle spille en afgørende rolle i Israels historie.

Jakob havde tolv sønner, og de tolv sønner lagde fundamentet for nationen Israel. Men da de stadig kun var en stamme, lod Gud dem blive indenfor grænserne af Egypten, som var et magtfuldt land, indtil Jakobs efterkommere kunne blive en stor nation.

Dette var den plan, som kærlighedens Gud havde lagt, for at beskytte israelitterne fra andre nationer. Og den person, som blev betroet denne monumentale opgave, var Josef, som var Jakobs 11. søn.

Blandt de 12 sønner foretrak Jakob Josef i så høj grad, at han lod ham lave en ærmekjortel. Josef blev derfor lagt for had af sine brødre, og de var så jaloux på ham, at de solgte ham til slave i Egypten, da han var 17 år. Men han beklagede sig aldrig og lagde aldrig sine brødre for foragt.

Josef blev solgt til Potifars hus. Potifar var hofmand hos Faraoen og chef for livvagten. Josef arbejdede flittigt og trofast, og hans vandt Potifars gunst og tillid. Han blev derfor sat til at styre alt i Potifars hus og fik ansvar for alt, hvad egypteren ejede.

Der opstod dog et problem. Josef var smuk og så godt ud, og hans herres kone forsøgte at forføre ham. Men Josef var retskaffen og gudfrygtig, så da kvinden ville have omgang med ham, sagde han til hende: *"Hvordan skulle jeg så kunne gøre noget så ondt og synde mod Gud?"* (Første Mosebog 39:9)

I sidste ende blev Josef uretfærdigt beskyldt af hende, og han blev sat i fængsel, der hvor kongens fanger opholdt sig. Selv i fængslet var Gud med Josef, og med Guds hjælp var Josef snart ansvarlig for "alt, hvad der skulle gøres" i fængslet.

Gennem disse hændelser var Josef i stand til at opnå den visdom, hvormed han senere kunne lede en nation, kultivere sine politiske dispositioner og blive et godt redskab, som kunne favne mange mennesker i sit hjerte.

Han tydede Faraoens drøm og gav endda vise løsninger på de problemer, som Faraoen og hans folk ville gå i møde, og han blev regent af Egypten efter Faraoen. Gennem Guds dybsindige forsyn og gennem mange prøvelser af Josef, placerede Gud således Josef på posten som vicekonge for en af datidens mest magtfulde nationer i en alder af 30 år.

Som Josef havde forudset gennem Faraoens drømme, blev Mellemøsten inklusiv Egypten ramt af hungersnød, og da Josef allerede havde truffet forberedelser for at imødegå disse hændelser, kunne han udfri alle egypterne. Josefs brøde kom til Egypten i deres søgen efter mad. De blev genforenet med deres bror, og resten af familien flyttede snart til Egypten, hvor de kunne leve i velstand. Dermed blev vejen banet for fødslen af nationen Israel.

Moses: En stor leder, som gjorde flugten fra Egypten til en realitet

Israels efterkommere øgedes i antal og blev velstående, efter at de havde slået sig ned i Egypten, og de blev snart mange og stærke nok til at danne deres egen nation.

Da en ny konge, som ikke kendte Josef, kom til magten, begyndte han at være på vagt overfor velstanden og styrken blandt Israels efterkommere. Kongen og hofmændene begyndte snart at gøre livet surt for israelitterne med hårdt arbejde med ler og tegl og alle slags markarbejde; de tvang dem til alt trællearbejdet (Anden Mosebog 1:13-14).

Men *"jo mere de plagede dem [israelitterne], jo flere blev de, og des mere bredte de sig"* (Anden Mosebog 1:12). Farao beordrede, at alle israelitiske drengebørn skulle slås ihjel ved fødslen. Da Gud hørte israelitternes jamren, huskede han sin pagt med Abraham, Isak og Jakob.

> *"Det land, hvor du nu bor som fremmed, hele Kana'an, vil jeg give dig og dine efterkommere til evig ejendom, og jeg vil være deres Gud"* (Første Mosebog 17:8).

> *"Det land, jeg gav Abraham og Isak, giver jeg dig og dine efterkommere"* (Første Mosebog 35:12).

Gud beredte en mand, som ville adlyde hans befalinger

betingelsesløst og lede folket med hjertet, for at føre Israels sønner ud af deres lidelser og bringe dem til Kana'ans land.

Denne person var Moses. Hans forældre skjulte ham i tre måneder efter fødslen, men da det ikke længere var muligt, lagde de ham i en sivkurv, og satte kurven ud mellem sivene ved Nilens bred. Faraos datter opdagede barnet i sivkurven og besluttede sig for at beholde ham som sin egen, og babyens søster, som stod på afstand for at se, hvad der ville ske, anbefalede Moses' biologiske mor som amme til barnet.

Moses voksede således op i kongepaladset med sin biologiske mor, og han lærte på naturlig vis om Gud og israelitterne, hans eget folk.

En dag så han en hebræer blive slået ihjel af en egypter, og i fortvivlelse slog han selv egypteren ihjel. Da dette blev opdaget, flygtede Moses fra Farao og slog sig ned i landet Midjan. Her vogtede han får i 40 år, og dette var del af Guds forsyn for at træne Moses som leder af flugten fra Egypten.

På et af Gud udvalgt tidspunkt kaldte han Moses og befalede ham at føre israelitterne ud af Egypten og ind i Kana'an, landet som flød med mælk og honning.

Da Farao havde et hærdet hjerte, lyttede han ikke til Guds befaling, som den blev givet gennem Moses. Som resultat bragte Gud de ti plager over Egypten og tog dermed israelitterne ud af Egypten med tvang.

Først efter at have lidt under deres førstefødte sønners død knælede Farao og hans folk for Gud og lod israelitterne slippe fri fra deres trældom. Gud guidede selv Israels folk på hvert trin af vejen; han delte det Røde Hav, så de kunne gå tørskoede over. Da de ikke havde drikkevand, lod Gud vandet springe ud af en klippe, og da de ikke havde noget at spise, sendte Gud manna og vakler. Gud udførte mirakler og undere gennem Moses for at sikre millioner af israelitters overlevelse i ørkenen i 40 år.

Den trofaste Gud førte Israels folk ind i Kana'ans land gennem Josva, Moses' efterfølger. Gud hjalp Josva og hans folk med at krydse floden Jordan og lod dem erobre byen Jeriko. Og via sine egne veje lod Gud dem erobre og besidde det meste af Kana'ans land, som flød med mælk og honning.

Erobringen af Kana'an var naturligvis ikke kun Guds velsignelse til israelitterne, men også resultatet af hans retfærdige dom over Kana'ans indbyggere, som gik under i synd og ondskab. Indbyggerne i Kana'an var blevet grundigt fordærvede, og var tvunget til at blive underlagt dommen, og Gud lod derfor i sin retfærdighed israelitterne overtage landet.

Som Gud sagde til Abraham: *"Først i det fjerde slægtsled skal de vende tilbage hertil"* (Første Mosebog 15:16). Abrahams efterkommere Jakob og hans sønner forlod Kana'an for at tage til Egypten og slog sig ned der, og deres efterkommere vendte tilbage til Kana'ans land.

David etablerer et stærkt Israel

Efter erobringen af Kana'ans land regerede Gud over Israel gennem dommere og profeter under dommernes tid, og så blev Israel et kongedømme. Under herredømme af kong David, som elskede Gud over alt andet, blev grundlaget for nationen etableret.

I sin ungdom dræbte David en stor filisterkriger med slynge og sten, og som anerkendelse af hans tjeneste på slagmarken blev David sat over krigerne i kong Sauls hær. Da David vendte hjem efter at havde vundet over filistrene, spillede og dansede kvinderne, mens de sang: "Saul har dræbt sine tusinder, men Davis sine titusinder." Og alle israelitterne begyndte at elske David. Kong Saul lagde i jalousi planer om at dræbe David.

Midt i Sauls desperate forfølgelser havde David to muligheder for at dræbe kongen, men undlod at gøre det, fordi kongen var salvet af selveste Gud. Han gjorde kun det gode mod kongen. Ved en lejlighed kastede David sig på jorden og sagde til kong Saul: *"Se, fader, se, her har jeg fligen af din kappe i min hånd. Når jeg har skåret din kappeflig af og ikke slået dig ihjel, må du kunne indse, at jeg ikke har haft noget ondt eller nogen forbrydelse i sinde, og at jeg ikke har forsyndet mig mod dig. Det er dig, der tragter mig efter livet"* (Første Samuelsbog 24:11).

David, som var en mand efter Guds hjerte, søgte godheden i alle ting, selv efter at han blev konge. Under sin regeringstid styrede han landet med retfærdighed og styrkede riget. Gud gik med ham, og han sejrede i krige mod nabofolkene filistrene, moabitterne, amalekitterne, ammonitterne og edomitterne. Han udvidede Israels territorium og øgede rigets velstand gennem krigsbytterne. Landet nød derfor en periode med stor velstand.

David flyttede også Guds ark med pagten til Jerusalem, dannede en procedure for offergivelse, og styrkede troen på Herren Gud. Han grundlagde desuden Jerusalem som det politiske og religiøse centrum i riget og gjorde forberedelser for konstruktionen af det hellige tempel for Gud under hans søn kong Salomons herredømme.

I hele Israels historie var landet mest magtfuldt og storslået under kong Davids herredømme. Kongen blev beundret af sit folk og forherligede Gud i højeste grad. Oven i alt dette var David en så stor forfader, at Messias skulle komme fra netop hans efterkommere.

Elias bringer israelitternes hjerte tilbage til Gud

Kong Davids søn Salomon tilbad falske guder i sine sidste dage og kongeriget blev delt i to efter hans død. Mellem Israels tolv stammer dannede ti af dem kongeriget Israel i den nordlige del, men de to sidste dannede kongeriget Judæa i syd.

I kongeriget Israel åbenbarede profeterne Amos og Hoseas Guds vilje for folket, mens profeterne Esajas og Jeremias varetog præstegerningerne i kongeriget Judæa. På udvalgte tidspunkter sendte Gud sine profeter og fuldførte sin vilje gennem dem. En af den var profeten Elias. Han udførte sin præstegerning under kong Akabs regeringstid i det nordlige kongedømme.

Under Elias tid bragte den ikke-jødiske dronning Jezabel religionen Ba'al til Israel, og tilbedelse af falske guder var udbredt i kongeriget. Profetens Elias' første mission var at fortælle kong Akab, at der ikke ville komme nogen regn i Israel i 3½ år på grund af Guds dom af tilbedelsen af de falske guder.

Da Elias hørte, at kongen og dronningen forsøgte at slå ham ihjel, flygtede han til Sarepta i Sidon. Der fik han et lille stykke brød af en enke, og som tak for hendes tjeneste manifesterede Elias en forunderlig velsignelse over enken, sådan at hendes melkrukke ikke blev tom og hendes kande ikke løb tør for olie, så længe der var hungersnød. Senere genoplivede Elias også enkens døde søn.

På toppen af Karmels bjerg gennemførte Elias en styrkeprøve mod 450 Ba'al-profeter og 400 ashera-profeter, og bragte Guds ild ned fra himlen. Elias genoprettede Guds alter, hældte vand over brændofferet og alteret og bad oprigtigt til Gud for at vende israelitternes hjerter bort fra de falske guder og føre dem tilbage til Gud.

> *"Herre, Abrahams, Isaks og Israels Gud! Lad det i dag blive kendt, at du er Gud i Israel, og at jeg er din tjener, og at det er på dit ord, jeg har foretaget alt dette. Svar mig, Herre, svar mig, så dette folk kan erfare, at det er dig, Herre, der er Gud, og at du*

har vendt deres hjerte." Da faldt Herrens ild ned og fortærede brændofferet og brændet og stenene og jorden, jo, selv vandet i renden slikkede den op. Da hele folket så det, kastede de sig ned og sagde: "Det er Herren, der er Gud! Det er Herren, der er Gud!" Elias sagde til dem: "Grib Ba'al-profeterne! Ingen må undslippe!" Så greb de dem, og Elias førte dem ned til Kishonbækken og slagtede dem der (Første Kongebog 18:36-40).

Desuden bragte han regn ned fra himlen efter 3½ års tørke, krydsede floden Jordan, som om han gik på den tørre jord, og profeterede om ting, som ville finde sted i fremtiden. Elias vidnede klart om den levende Gud ved at manifestere Guds forunderlige kraft.

I Anden Kongebog 2:11 står der: *"Mens de [Elias og Elisa] gik og talte sammen, kom der pludselig en ildvogn med ildheste. Den skilte de to fra hinanden, og Elias stig op til himlen i en storm."* Da profeten Elias i yderste grad behagede Gud med sin tro, og fik hans kærlighed og anerkendelse, kom han direkte til himlen uden at møde døden.

Daniel åbenbarer Guds ære for nationerne

Tohundrede og halvtreds år senere i ca. 605 før Kristi fødsel i det tredje år af kong Jojakims regeringstid blev Jerusalem belejret ved en invasion af kong Nebukadnesar fra Babylon, og mange medlemmer af den kongelige familie i kongedømmet Juda blev taget til fange.

Som del af Nebukadnesars forsoningspolitik beordrede han sin hofchef Ashpenaz at udvælge nogle israelitter dels fra kongeslægten, dels fra de fornemme familie, unge mænd uden legemsfejl, smukke, med indsigt i al slags visdom, med kundskab og forstand og med evner til at gøre tjeneste i kongens palads. De skulle så undervises i kaldæernes skrift og sprog, og blandt dem var Daniel (Daniels bog 1:3-4).

Men Daniel satte sig for, at han ikke ville være uren ved mad og vin fra det kongelige taffel, og bad hofchefen om tilladelse til at undgå at blive uren (Daniels bog 1:8).

Selv om Daniel var krigsfange, fik han Guds velsignelse, da han frygtede ham i hvert af livets aspekter. Gud gav Daniel og hans venner forstand og indsigt i al slags skrift og viden. Daniel forstod sig endda på syner og drømme (Daniels bog 1:17).

Derfor opnåede han fortsat kongens gunst og anerkendelse, selv om kongedømmet forandredes. I anerkendelse af Daniels ekstraordinære ånd forsøgte kong Darius fra Persien at sætte Daniel over hele kongeriget. Så blev en gruppe af rigsrådene jaloux på Daniel og forsøgte at finde noget at anklage ham for i hans forhold til kongedømmet. Men de kunne ikke finde nogen fejl at anklage ham for.

Da rigsrådene og satrapperne fandt ud af, at Daniel bad til Gud tre gange om dagen, gik de til kongen og tilskyndede ham til at udstede en lov, hvor der stod, at enhver, som bad til andre en kongen i en måned, skulle kastes i løvekulen. Men Daniel vaklede ikke: Selv med risiko for at miste sit omdømme, sin høje position og sit liv, fortsatte han med at bede mod Jerusalem, som han hele tiden havde gjort.

På kongens ordre blev Daniel kastet i løvekulen, men idet Gud sendte sin engel til at lukke løvernes gab, tog Daniel ikke skade. Da kong Darius fandt ud af dette, skrev han til alle folk, stammer og tungemål, som levede over hele jorden, for at de kunne synge lovsange og ære Gud:

> *"Jeg udsteder hermed en befaling: I hele mit kongerige, så langt som mit herredømme rækker, skal man frygte og skælve for Daniels Gud. For han er den levende Gud, han forbliver i evighed, hans kongerige kan ikke gå til grunde, hans herredømme er uden ende. Han redder og befrier, hans gør tegn og undere i himlen og på jorden. Han reddede Daniel ud af løvernes kløer!"* (Daniels bog 6:27-28).

Ud over de trosfædre, som nævnes ovenfor, har Gideon, Barak, Samson, Jefta, Samuel, Esajas, Jeremias, Ezekiel, Daniels tre venner, Ester og alle profeterne som nævnes i Bibelen haft en tro så stor, at deres trosgerninger ikke ville kunne beskrives tilstrækkeligt med papir og blæk.

Store forfædre for alle jordens folkeslag

Lige fra nationen Israels tidligste dage har Gud personligt

styret landets kurs i historien. Hver gang Israel har været i krise, har Gud frelst dem gennem profeter, som han har beredt, og dermed styret Israels historie.

Til forskel fra enhver anden nation har Israels historie udviklet sig i overensstemmelse med Guds forsyn lige fra Abrahams tid, og vil fortsat udvikle sig efter Guds plan indtil tidens afslutning.

Gud har udvalgt troens fædre mellem det israelitiske folk og brugt dem til sit forsyn og sin plan, som ikke kun gælder det udvalgte folk, israelitterne, men også alle andre, som tror på Gud.

"Abraham skal jo blive et stort og mægtigt folk, og alle jordens folk skal velsignes i ham" (Første Mosebog 18:18).

Gud ønsker at "alle jordens folk" skal være Abrahams børn i troen og få Abrahams velsignelser. Han har ikke reserveret velsignelserne til det udvalgte folk, israelitterne. Gud lover Abraham i Første Mosebog 17:4-5, at han skal blive fader til en mængde folkeslag, og i Første Mosebog 12:3 at alle familier på jorden vil blive velsignet i ham, samt i Første Mosebog 22:17-18 at alle jorden folk vil blive velsignet i hans afkom.

Gennem Israels historie har Gud desuden åbnet den vej, hvorved alle jordens folk kan lære, at kun Herren Gud er den sande Gud, tjene ham og blive hans sande børn, som elsker ham.

"Jeg havde svar til dem, der ikke spurgte, jeg var at

finde for dem, der ikke søgte mig. Jeg sagde: Se, her er jeg! Til et folk, der ikke påkaldte mit navn" (Esajas' Bog 65:1).

Gud har indsat de store forfædre og har personligt ledet og styret Israels historie for at lade både ikke-jøder og det udvalgte folk israelitterne påkalde hans navn. Gud havde udført en kultivering af menneskeheden indtil et udvalgt tidspunkt, men udformede en anden forunderlige plan, sådan at han også kunne anvende forsynet for den menneskelige kultivering til ikke-jøderne. Derfor sendte han sin søn til Israels land, ikke kun som Messias for israelitterne, men som Messias for hele menneskeheden.

Mennesker som vidner om Jesus Kristus

Gennem hele den menneskelige kultiverings historie har Israel være centrum i gennemførelsen af Guds forsyn. Gud åbenbarede sig for forfædrene i troen, lovede dem at bestemte ting ville ske, og opfyldte dem, som han havde lovet. Han fortalte også israelitterne at Messias ville komme fra Judas stamme og Davids hus, og ville frelse alle jordens folk.

Derfor har Israel ventet på den Messias, som er blevet profeteret i det Gamle Testamente. Messias er Jesus Kristus. Folk, som tror på jødedommen, anerkender naturligvis ikke Jesus som Guds søn og Messias, men venter i stedet stadig på hans komme.

Ikke desto mindre er den Messias, som Israel venter på, og den Messias, som resten af dette kapitel handler om, den samme.

Hvad siger folk om Jesus Kristus? Hvis man undersøger profetierne om Messias og om Messias kvalifikationer vil man kunne bekræfte, at den Messias, som Israel længes efter, er selveste Jesus Kristus.

Paulus, Jesu Kristi forfølger, bliver hans apostel

Paulus blev født i Tarsus, Kilikien, i det nuværende Tyrkiet for ca. 2000 år siden, og i starten var hans navn Saulus. Han blev omskåret på ottende dag efter sin fødsel i nationen Israel, i Benjamins stamme og som Hebræer. Saulus var skyldfri i forhold til lovens retfærdighed. Han blev undervist af Gamaliel, en skriftklog, som blev respekteret af alle mennesker. Han levede strikt efter sine forfædres lov og var borger i det romerske imperium, som var det mest magtfulde land i verden på daværende tid. Med andre ord manglede Saulus ikke noget i kødelige henseende, dvs. i forhold til familie, stamtavle, viden, velstand og autoritet.

Da Saulus elskede Gud højere end alt andet, forfulgte han ihærdigt Jesu Kristi følgere. Han havde hørt, at de kristne hævdede, at den korsfæstede Jesus var Guds søn og Frelseren, og at Jesus var genopstået på tredjedagen for hans begravelse. Dette var for Saulus den reneste blasfemi mod selveste Gud.

Saulus troede også, at Jesu Kristi følgere udgjorde en trussel for den farisæiske jødedom, som han selv var passioneret tilhænger af. Af den grund forfulgte og ødelagde han skånselsløst kirken og havde en førende rolle i tilfangetagelsen af de troende på Jesus Kristus.

Han satte mange kristne i fængsel og talte imod dem, når de skulle dræbes. Han straffede også de troende i alle synagogerne, forsøgte at tvinge dem til blasfemi mod Jesus Kristus og blev ved med at forfølge dem selv til fremmede byer.

Men så havde han en bemærkelsesværdig oplevelse, som fuldstændig forandrede hans liv. På vej til Damaskus skinnede et lys fra himlen pludselig omkring ham.

"Saul, Saul, hvorfor forfølger du mig?"
"Hvem er du, Herre?"
"Jeg er Jesus, som du forfølger."

Saulus rejste sig fra jorden, men han kunne ikke se noget. Folk måtte bringe ham ind i Damaskus. Han blev der i tre dage uden at kunne se, og han hverken spiste eller drak. Men Herren viste sig i et syn for en disciple ved navn Ananias.

"Rejs dig og gå hen til Den Lige Gade og spørg i Judas' hus efter Saulus fra Tarsus. For han beder, og han har i et syn set en mand, der hedder Ananias, komme ind og lægge hænderne på ham, så han igen kunne se... Gå! For han er det redskab, jeg har udvalgt til at bringe mit navn frem for hedninger og konger og Israels børn, og jeg vil vise ham, hvor meget han skal lide for mit navns skyld" (Apostlenes Gerninger 9:11-12; 15:15-16).

Da Ananias lagde hænderne på Saulus og bad for ham, var det øjeblikkeligt, som om der faldt skæl fra Saulus' øjne, og han fik synet igen. Efter dette møde med Herren begyndte Saulus for alvor at indse sine synder, og han tog navnet Paulus, som betyder "en lille mand". Fra da af prædikede han frimodigt om den levende Gud og om Jesus Kristus til ikke-jøderne.

"For jeg gør jer bekendt med, brødre, at det

evangelium, som er blevet forkyndt af mig, ikke er menneskeværk. Jeg har heller ikke modtaget eller lært det af et menneske, men ved en åbenbaring af Jesus Kristus. I har jo hørt om, hvordan jeg tidligere levede i jødedommen, at jeg til overmål forfulgte Guds kirke og ville udrydde den. Jeg gik videre i jødedommen end mange jævnaldrende i mit folk og brændte mere af iver for mine fædrene overleveringer. Men da Gud, der havde udset mig fra moders liv og kaldet mig ved din nåde, besluttede at åbenbare sin søn for mig, for at jeg skulle forkynde evangeliet om ham blandt hedningene, rådførte jeg mig ikke først med nogen af kød og blod, og jeg drog heller ikke op til Jerusalem til dem, der var apostle før mig, men drog til Arabien og vendte senere tilbage til Damaskus" (Galaterbrevet 1:11-17).

Efter at Paulus havde mødt Herre Jesus Kristus og var begyndt at prædike budskabet, måtte han udholde alle former for lidelser, som ikke kan beskrives tilstrækkeligt med ord. Paulus blev ofte udsat for hård arbejde og fængsling, han blev slået utallige gange, han var ofte i fare for at dø, han havde mange søvnløse nætter, han blev udsat for sult og tørst, fastede ofte og havde ofte ingen klæder (Andet Korintherbrev 11:23-27).

Han kunne let have levet et liv i velstand og komfort med status, autoritet, viden og visdom, men han opgav alt dette og overgav alt, hvad han havde til Herren.

"Jeg er den ringeste af apostlene, ikke værdig til at kaldes apostel, fordi jeg har forfulgt Guds kirke. Men af Guds nåde er jeg, hvad jeg er, og hans nåde imod mig har ikke været forgæves; jeg har arbejdet mere end nogen anden af dem, det vil sige ikke jeg, men Guds nåde, som har været med mig (Første Korintherbrev 15:9-10).

Paulus fremsatte denne frimodige erklæring, fordi han havde en meget levende oplevelse af mødet med Jesus Kristus. Herren mødte ikke alene Paulus på vejen til Damaskus, men bekræftede sit nærvær hos Paulus gennem mange forunderlige gerninger med kraft.

Gud udførte ekstraordinære mirakler ved Paulus' hænder, og lommetørklæder og bælter, som han havde båret, blev bragt til de syge, sådan at lidelserne forlod dem og de onde ånder for ud af dem. Han bragte endda en ung mand ved navn Eutykos tilbage til livet, da han var faldet ned fra tredje sal og havde slået sig ihjel. Det er ikke muligt at genoplive en død person uden Guds kraft.

Det gamle testamente nævner, at profeten Elias bragte en enkes døde søn tilbage til livet i Sarepta, og profeten Elisa genoplivede en velstående kvindes søn i Shunem. Som der står i Salmernes Bog 62:11: *"En ting har Gud sagt, to ting har jeg hørt: Hos Gud er der magt"*, og denne kraft fra Gud gives til de gudelige mennesker.

Under sine tre missionsture etablerede Paulus grundlaget for at Jesu Kristi budskab kunne blive prædiket for alle nationer ved at bygge kirker mange steder i Asien og Europa, inklusiv Lilleasien og Grækenland. Dermed blev vejen åbnet for at Jesu Kristi budskab kunne prædikes over alt på jorden og at talrige sjæle kunne blive frelst.

Peter manifesterer stor kraft og frelser utallige sjæle

Hvad kan vi sige om Peter, som var foregangsmand i indsatsen for at prædike budskabet for jøderne? Han var en almindelig fisker, før han mødte Jesus, men efter at han blev kaldet af Jesus og var vidne til de forunderlige ting, som Jesus gjorde, blev han en af de bedste disciple.

Da Peter så Jesus manifestere en form for magt, som intet andet menneske kunne efterligne, såsom at åbne øjnene på de blinde, rejse krøblingerne, genoplive de døde, gøre gode gerninger og afhjælpe folks problemer og vanskeligheder, fik han tro: "Denne mand kommer bestemt fra Gud." I Matthæusevangeliet 16 finder vi følgende bekendelse:

"*Hvem siger I, at jeg er?*" (vers 15) "*Du er Kristus, den levende Guds søn*" (vers 16).

Så skete der noget utænkeligt med Peter, som havde fremsat den ovenstående bekendelse. Peter sagde til Jesus ved den sidste nadver: "*Om så alle andre svigter, så svigter jeg dig aldrig*" (Matthæusevangeliet 26:33). Men den nat, Jesus blev fanget og korsfæstet, fornægtede Peter tre gange at han kendte til Jesus af frygt for at dø.

Efter Jesu genopstandelse og himmelfart, fik Peter Helligånden og blev transformeret på en forunderlige måde. Han begyndte at hellige hele sit liv til at prædike budskabet om Jesus Kristus uden at frygte døden. En dag, hvor han vidnede om Jesus Kristus, var der 3000 mennesker som angrede og blev døbt. Selv foran de jødiske ledere, som truede med at tage hans liv, forkyndte han frimodigt, at Jesus Kristus er vores Herre og Frelser.

> *"Omvend jer og lad jer alle døbe i Jesu Kristi navn til jeres synders forladelse, så skal I få Helligånden som gave. For løftet gælder jer og jeres børn og alle dem i det fjerne, som Herren vor Gud vil kalde på"* (Apostlenes Gerninger 2:38-39).

> *"Jesus er den sten, som blev vraget af jer bygmestre, men som er blevet hovedhjørnestenen. Og der er ikke frelse ved nogen anden, ja, der er ikke givet mennesket noget andet navn under himlen, som vi kan blive frelst ved"* (Apostlenes Gerninger 4:11-12).

Peter udviste Guds kraft ved at manifestere mange tegn og undere. Ved Lydda helbredte han en mand, som havde været lammet i 8 år, og i det nærliggende Joppe genoplivede han Tabitha, som havde været syg og var død. Peter lod også krøblingen rejse sig og gå, helbredte mennesker, som led af forskellige sygdomme, og uddrev dæmoner.

Guds kraft ledsagede Peter i den udstrækning, at folk bar de syge ud på gaderne og lod dem ligge der på senge og bårer, for at blot skyggen af Peter måtte falde over dem, når han kom forbi (Apostlenes Gerninger 5:15).

Desuden åbenbarede Gud gennem syn for Peter, at budskabet om frelsen skulle bringes ud til ikke-jøderne. En dag da Peter gik op på taget for at bede, var han sulten og fik lyst til at spise. Mens maden blev tilberedt, faldt han i henrykkelse og så himlen åbne sig, og noget, som lignede en stor dug kom ned. Der i var der alle jordens firebenede dyr og krybdyr og alle himlens fugle (Apostlenes Gerninger 10:9-12). Så hørte Peter en røst.

"Rejs dig, Peter, slagt og spis" (vers 13). *"Ikke tale om, Herre, for jeg har aldrig spist noget som helst vanhelligt og urent"* (vers 14) *"Hvad Gud har erklæret for rent, må du ikke kalde vanhelligt"* (vers 15).

Dette skete tre gange, og straks efter blev det hele taget op til himlen. Peter kunne ikke forstå, hvorfor Gud befalede ham at spise noget, der blev betegnet som "urent" efter Moseloven. Mens Peter grundede over sit syn, fortalte Helligånden ham: *"Her er tre mænd, som spørger efter dig. Rejs dig og gå nedenunder, og følg uden betænkeligheder med dem, for det er mig, der har sendt dem"* (Apostlenes Gerninger 10:19-20). De tre mænd var kommet på vegne af ikke-jøden Cornelius, som sendte bud til Peter om at komme til hans hus.

Gennem dette syn åbenbarede Gud for Peter, at det var Guds ønske, at der skulle prædikes selv for ikke-jøderne, og han tilskyndede Peter til at sprede budskabet om Herre Jesus Kristus til dem. Peter var taknemmelig overfor Herren, som elskede ham og overlod ham en hellig opgave som hans apostel, selv om han havde fornægtet ham tre gange. Han ofrede derfor sit liv på at føre utallige sjæle på vejen til frelse, og døde martyrdøden.

Apostlen Johannes profeterer om de sidste dage ved hjælp af åbenbaringer fra Jesus Kristus

Johannes havde været fisker i Galilæa, men efter at han blev kaldt af Jesus, gik han med ham og var vidne til hans manifestationer af tegn og undere. Johannes så Jesus forvandle vand til vin ved brylluppet i Kana, og han så ham helbrede utallige syge mennesker, inklusiv en person, som havde været syg i 38 år, uddrive mange dæmoner og åbne de blindes øjne. Johannes så også Jesus gå på vandet og genoplive Lazarus, som havde været død i fire dage.

Johannes fulgte Jesus, da Jesus blev forvandlet (hans ansigt skinnede som solen, og hans tøj blev så hvidt som lys), og talte med Moses og Elias på forvandlingens bjerg. Selv da Jesus sagde sine sidste ord fra korset, talte han til Johannes og til Jomfru Maria: *"Kvinde, dér er din søn"* (Johannesevangeliet 19:26). *"Dér er din mor"* (Johannesevangeliet 19:27).

Dette var det tredje sidste, som Jesus sagde fra korset. Dermed trøstede han i fysisk henseende Maria, som havde båret og født ham, og i spirituel henseende erklærede han for menneskeheden, at alle troende er brødre, søstre og mødre.

Jesus henviste aldrig til Maria som sin mor. Da Jesus er Guds søn i sin essens, ville det ikke være muligt for nogen at føde ham, og han kunne dermed ikke have en mor. Jesus sagde: "Dér er din mor" til Johannes, fordi Johannes skulle behandle Maria som sin mor. Fra da af tog Johannes Maria hjem til sig og tjente hende som sin mor.

Efter Jesu genopstandelse og himmelfart, prædikede Johannes flittigt budskabet om Jesus Kristus sammen med de andre apostle til trods for konstante trusler fra jøderne. Gennem den indtrængende prædiken af budskabet oplevede den tidlige kirke en bemærkelsesværdig vækkelse, men på samme tid var apostlene hele tiden udsat for forfølgelse.

Apostlen Johannes blev forhørt i det jødiske råd, og senere blev han smidt i kogende olie af den romerske kejser Domitian. Men ved Guds kraft og forsyn led Johannes ikke under disse ting, og kejseren satte ham i eksil på den græske ø Patmos i Middelhavet. Der kommunikerede Johannes med Gud i bøn, og med Helligåndens inspiration og englenes vejledning så han mange dybe visioner og optegnede sine åbenbaringer af Jesus Kristus.

> "Jesu Kristi åbenbaring, som Gud gav ham for at vise sine tjenere, hvad der snart skal ske, og som han kundgjorde og sendte med sin engel til sin tjener Johannes" (Johannes 1:1).

Med Helligåndens inspiration skrev apostelen Johannes detaljeret om de ting, der ville ske i de sidste dage, sådan at alle menneske på jorden ville tage imod Jesus som deres Frelser og berede sig på at modtage ham som Kongernes Konge og Herrernes Herre ved hans genkomst.

Medlemmerne af den tidlige kirke holdt fast i deres tro

Da den genopstandne Jesus steg op til himlen, lovede han sine disciple, at han ville komme tilbage på samme måde, som de havde set ham fare til himmels.

De utallige personer, som så Jesu genopstandelse og himmelfart, indså, at de også ville være i stand til genopstå, og de frygtede ikke længere døden. Derfor kunne de leve livet som hans vidner til trods for trusler og undertrykkelse fra verdens regenter og forfølgelser, som ofte kostede dem livet. Ikke alene Jesu disciple, som havde tjent ham under hans offentlige virke, men også utallige andre blev bytte for løverne i Colosseum i Rom, hvor de blev halshugget, korsfæstet, og brændt til aske. Men de holdt alle fast i deres tro på Jesus Kristus.

Da forfølgelsen af de kristne blev intensiveret, gemte medlemmerne af den tidlige kirke sig i Roms katakomber, der er kendt som underjordiske begravelsessteder. Deres liv var elendige, det var som om de ikke for alvor levede. Men da de havde en passioneret og oprigtig kærlighed til Herren, frygtede de ikke nogen former for prøvelser og lidelser.

Før kristendommen blev officielt anerkendt i Rom, var undertrykkelsen af de kristne barsk og ondskabsfuldt ud over enhver beskrivelse. De kristne blev frataget deres borgerskab, der blev sat ild til Bibler og kirker, og kirkens ledere og medarbejdere blev arresteret, brutalt tortureret og henrettet.

Polykarp i kirken i Smyrna i Lilleasien havde personligt følgeskab af apostelen Johannes. Polykarp var en hengiven biskop. Da han blev arresteret af de romerske autoriteter og stod frem for Guvernøren, forsagede han ikke sin tro.

"Jeg ønsker ikke at kaste skam over dig. Befal at de kristne skal dræbes, og jeg vil slippe dig fri. Forband Kristus!"

"Jeg har været hans tjener i 86 år, og han har ikke gjort mig noget ondt. Hvordan kan jeg bespotte min Konge, som har frelst mig?"

De forsøgte at brænde Polykarp, biskoppen i Smyrna til døde, men det lykkedes ikke, og han blev derfor dolket ihjel. Da mange andre kristne så og hørte om Polykarps tro og hans martyrium, blev de endnu mere interesserede i Jesus Kristus og valgte selv martyriets vej.

"Israelitter! Tag jer i agt for, hvad I er ved at gøre med disse mænd. For før vor tid optrådte Theudas og påstod, at han var noget. Han fik tilslutning fra omkring fire hundrede mand, men han blev dræbt, og alle, der havde fulgt han, blev spredt og blev til ingenting. Efter ham optrådte Judas fra Galilæa i

folketællingens dage, og han fik folk til at følge sig og gøre oprør; men han omkom også, og alle de, der havde fulgt ham, blev spredt for alle vinde. I denne sag siger jeg jer: Hold jer fra disse mennesker og lad dem gå" For hvis dette er menneskers vilje eller værk, falder det fra hinanden, men er det fra Gud, kan I ikke fælde dem; kom ikke til at stå som mennesker, der kæmper mod Gud" (Apostlenes Gerninger 5:35-39).

Som den ansete Gamaliel på ovenstående måde gjorde Israels folk opmærksom på, kunne Jesu Kristi budskab, som kom fra Gud selv, ikke fældes. Endelig i år 313 efter Kristus anerkendte Kejser Konstantin kristendommen som den officielle religion i imperiet, og Jesu Kristi budskab begyndte at blive prædiket over hele verden.

Vidnesbyrd om Jesus i Pilatus' rapport

Blandt de historiske dokumenter fra det romerske imperium er der et skrift om Jesu genopstandelse, som Pontius Pilatus, Guvernøren i den romerske provins Judæa på Jesu tid, skrev og sendte til kejseren.

Det følgende er et uddrag vedrørende Jesu genopstandelsen fra "Pilatus' rapport til Cæsar om Jesu arrestation, domsfældelse og korsfæstelse." Det opbevares på nuværende tidspunkt i Hagia Sophia i Istanbul i Tyrkiet.

Nogle få dage efter blev graven fundet tom, og Jesu disciple forkyndte over hele landet at han var genopstået fra de døde, som han havde forudsagt. Dette skabte endnu mere ophidselse end korsfæstelsen. Om det er sandt kan jeg ikke sige med sikkerhed, men jeg har undersøgt sagen; så kan De selv bedømme og se om jeg tager fejl, som Herodes påstår.

Josef begravede Jesus i sin egen grav. Om han forventede hans genopstandelse eller regnede med at udhugge endnu en, kan jeg ikke sige. Dagen efter at han blev begravet, kom en af præsterne til prætorium og sagde, at de var bange for, at disciplene ville forsøge at stjæle Jesu lig og skjule det, og så få det til at se ud som om, han var genopstået fra de døde, som han havde forudsagt, og som de var fuldstændig overbeviste om.

Jeg sendte ham til kaptajnen for den kongelige vagt (Malkus) for at sige, at han skulle tage nogle jødiske soldater og sætte så mange omkring graven, som der var behov for; hvis der skulle ske noget, kunne de således kun bebrejde sig selv, og ikke romerne.

Da den store ophidselse omkring den tomme grav begyndte, følte jeg en større bekymring end nogensinde før. Jeg sendte bud efter denne mand Islam, som berettede om følgende omstændigheder, så godt som jeg kan genkalde mig det. De så et blødt og smukt lys over graven. Først havde han troet, at kvinderne var kommet for at balsamere Jesu lig, som det er deres skik, men han forstod ikke, hvordan de var kommet forbi vagterne. Mens han tænkte disse tanker blev hele stedet oplyst og der syntes at være en hel mængde døde i deres ligklæder.

Alle syntes at råbe og at være fyldte af henrykkelse, mens der omkring dem og over dem var den smukkeste musik, han nogensinde havde hørt, og luften syntes at være fyldt med stemmer, som priste Gud. Under alt dette syntes det at jorden drejede og svømmede, så han blev dårlig og besvimede, og kunne ikke stå på fødderne. Han sagde at jorden syntes at svømme væk under ham og sanserne forlod ham, så han vidste ikke præcis, hvad der var sket.

Som vi læser i Matthæusevangeliet 27:51-53: *"jorden skælvede, og klipperne revnede, og gravene sprang op, og mange af de hensovede helliges legemer stod op, og de gik ud af deres grave og kom efter hans opstandelse ind i den hellige by og viste sig for mange."* De romerske vagter gav overensstemmende vidnesbyrd.

Efter beretningen om den romerske soldat, som havde været vidne til dette spirituelle fænomen, bemærker Pilatus sidst i sin rapport: "Jeg er næsten parat til at sige: Dette var i sandhed Guds søn."

Utallige vidnesbyrd om Herre Jesus Kristus

Det var ikke kun Jesu disciple, som havde tjent ham under hans offentlige virke, der bar vidnesbyrd om budskabet om Jesus Kristus. Som Jesus sagde i Johannesevangeliet 14:13: *"Hvad I end beder om i mit navn, det vil jeg gøre, for at Faderen må blive herliggjort i Sønnen."* Utallige personer har siden genopstandelsen og himmelfarten fået Guds svar på deres bønner, og har båret vidnesbyrd om den levende Gud og om Herre Jesus Kristus.

> *"Men I skal få kraft, når Helligånden kommer over jer, og I skal være mine vidner både i Jerusalem og i hele Judæa og Samaria og lige til jorden ende"*
> (Apostlenes Gerninger 1:8).

Jeg tog imod Herren efter at være blevet helbredt ved Guds kraft for alle mine sygdomme, som lægevidenskaben havde stået fuldkommen hjælpeløs overfor. Senere blev jeg salvet til at være tjener for Herre Jesus Kristus, og jeg har prædiket budskabet for alle mennesker og manifesteret tegn og undere.

Som lovet i de ovenstående vers er mange mennesker blevet Guds børn ved at få Helligånden og hellige deres liv til at prædike budskabet om Jesus Kristus med Helligåndens kraft. Sådan er budskabet blevet spredt ud over hele verden og utallige mennesker møder i dag den levende Gud og tager imod Jesus Kristus.

"Gå ud i alverden og prædik evangeliet for hele skabningen. Den, der tror og bliver døbt, skal frelses; men den, der ikke tror, skal dømmes. Og disse tegn skal følge dem, der tror: I mit navn skal de uddrive dæmoner, de skal tale med nye tunger, og de skal tage på slanger med deres hænder, og drikker de dødbringende gift, skal det ikke skade dem; de skal lægge hænderne på de syge, så de bliver raske" (Markusevangeliet 16:15-18).

Den Hellige Gravs Kirke ved Golgata i Jerusalem

Kapitel 2
Messias sendt af Gud

Guds løfte om Messias

Israel har ofte mistet herredømmet og har måtte lide under invasioner og besættelser fra blandt andet Persien og Rom. Gud gav gennem sine profeter en lang række løftet om Messias, som skulle være Israels Konge. For de hårdt prøvede israelitter var Guds løfter om Messias deres største kilde til håb.

"For et barn er født os, en søn er givet os, og herredømmet skal ligge på hans skuldre. Man skal kalde ham Underfuld Rådgiver, Vældig Gud, Evigheds Fader, Freds Fyrste. Stort er herredømmet, freden uden ophør over Davids trone og over hans rige, så han kan grundfæste det og understøtte det med ret og retfærdighed fra nu af og til evig tid. Hærskarers Herres nidkærhed skal udvirke dette" (Esajas' Bog 9:5-6).

"Der skal komme dage, siger Herren, da jeg lader en retfærdig spire fremstå af Davids slægt. Han skal være konge med indsigt og øve ret og retfærdighed i landet. I hans dage skal Juda frelses og Israel ligge trygt. Han skal få dette navn "Herren er vor

retfærdighed" (Jeremias' Bog 23:5-6).

"Bryd ud i jubel, Zions datter, råb af fryd, Jerusalems datter! Se, din konge kommer til dig, retfærdig og sejrrig, sagtmodig, ridende på et æsel, på en æselhoppes føl. Jeg tilintetgør vognene fra Efraim og hestene fra Jerusalem, krigsbuerne skal tilintetgøres. Han udråber fred til folkene, han hersker fra hav til hav og fra floden til jordens ende" (Zakarias' Bog 9:9-10).

Israel har indtil i dag ventet på Messias uden ophør. Hvad er det, der forsinker den Messias, som Israel med iver venter på? Mange jøder vil gerne kende svaret på dette spørgsmål, men svaret er, at de ikke ved, at Messias allerede er kommet.

Jesus vor Messias led, sådan som det blev profeteret af Esajas

Den Messias, som Gud lovede Israel, og rent faktisk sendte, er Jesus. Jesus blev født i Betlehem i Judæa for ca. 2000 år siden, og da hans tid kom, døde han på korset, genopstod og åbnede vejen til frelse for hele menneskeheden. Jøderne på hans tid anerkendte dog ikke Jesus som den Messias, de havde ventet på. Det skyldtes, at Jesus var helt anderledes end den Messias, de havde forventet.

Jøderne var udmattede efter længere perioder med

kolonistyre, og de forventede en potent Messias, som kunne udfri dem fra deres politiske strid. De troede, at Messias ville komme som Israels konge, sætte en stopper for alle krige, befri dem fra forfølgelser og undertrykkelse, give dem sand fred og sætte dem over alle nationer.

Jesus kom dog ikke til denne verden med en pragt og højhed, der passede til en konge. Han var derimod søn af en fattig tømmer. Han kom ikke for at frigøre Israel fra Roms undertrykkelse eller for at genoprette landets tidligere herlighed. I stedet kom han for at frelse menneskeheden, som var dømt til ødelæggelse siden Adams synd og for at gøre menneskene til Guds børn.

Af den grund anerkendte jøderne ikke Jesus som Messias, og de korsfæstede ham. Hvis vi undersøge det billede, der tegnes af Messias i Bibelen, kan vi dog bekræfte, at Messias rent faktisk er Jesus.

> *"Han skød op foran Herren som en spire, som et rodskud af den tørre jord. Hans skikkelse havde ingen skønhed, vi så ham, men vi brød os ikke om synet. Foragtet og opgivet af mennesker, en lidelsernes mand, kendt med sygdom, én man skjuler ansigtet for, foragtet, vi regnede ham ikke for noget"* (Esajas' Bog 53:2-3).

Gud fortalte israelitterne at Messias, Israels konge, ikke ville have nogen skønhed og at de ikke ville bryde sig om synet, men at han i stedet ville være foragtet af andre mennesker. Men israelitterne anerkendte stadig ikke Jesus som den Messias, Gud havde lovet dem.

Han blev foragtet og opgivet af Guds udvalgte folk israelitterne, men Gud satte Jesus Kristus over alle nationer og der er i dag utallige mennesker, der har taget imod ham som deres frelser.

Som der står i Salmernes Bog 118:22-23: *"Den sten, bygmestrene vragede, er blevet hovedhjørnesten. Det er Herrens eget værk, det er underfuldt for vores øjne."* Frelsens forsyn er blevet opnået gennem Jesus, som blev forsaget af Israel.

Jesus lignede ikke den Messias, som Israels folk havde ventet at se, men det fremgår, at Jesus er Messias, som Gud profeterede om gennem sine profeter.

Alt det, som Gud lovede os gennem Messias inklusiv herlighed, fred og genoprettelse tilhører det spirituelle rige, og Jesus, som kom til denne verden for at gennemføre opgaven som Messias, sagde: *"Mit rige er ikke af denne verden"* (Johannesevangeliet 18:36).

Den Messias, som Gud profeterede om, var ikke en konge med jordisk autoritet og herlighed. Messias var ikke kommet til denne verden for at Guds børn kunne få velstand, berømmelse og ære i deres livstid på denne jord. Han var kommet for at frelse sit folk fra deres synder og føre dem til den evige glæde og herlighed i himlen.

"På den dag skal Isajs rodskud stå som et banner for folkeslagene, til ham skal folkene søge, og hans bolig skal være herlighed" (Esajas' Bog 11:10).

Den lovede Messias skulle ikke kun komme til Guds udvalgte folk israelitterne. Han kom også for at gennemføre løftet om frelse til alle, som tager imod Guds lovede Messias ved den tro, der følger i Abrahams fodspor. Kort sagt kom Messias for at fuldføre Guds løfte om frelse og for at være Frelseren for alle folkeslag på jorden.

Behovet for en Frelser for hele menneskeheden

Hvordan kan det være, at Messias ikke kun kom til verden for at frelse Israels folk, men også for at frelse resten af menneskeheden?

I Første Mosebog velsignede Gud Adam og Eva, og sagde til dem: *"Bliv frugtbare og talrige, opfyld jorden og underlæg jer den; hersk over havets fisk, himlens fugle og alle dyr, der rører sig på jorden."*

Efter at have skabt det første menneske Adam og have indsat ham som hersker over alle andre skabninger, gav Gud mennesket autoritet til at underlægge sig jorden og herske over den. Men da Adam blev fristet af slangen, som var blevet opildnet af Satan, og spiste af kundskabens træ, hvilket Gud udtrykkeligt havde forbudt ham, begik han ulydighedens synd, og kunne ikke længere have denne autoritet.

Adam og Eva var slaver af retfærdigheden og havde den autoritet, som Gud havde givet dem, mens de var lydige overfor Guds retfærdige ord. Men efter de syndede, blev de slaver af synden og djævlen, og de blev tvunget til at overdrage autoriteten (Romerbrevet 6:16). Dermed blev al den autoritet, som Adam havde fået af Gud, overdraget til djævlen.

I Lukasevangeliet 4 frister den fjendtlige djævel Jesus, som netop er blevet færdig med at faste i 40 dage. Djævlen viser Jesus alle jordens riger og siger til ham: *"Dig vil jeg give al denne magt og herlighed, for den er overgivet til mig, og jeg giver den, til hvem jeg vil. Hvis du altså tilbeder mig, skal alt dette være dit"* (Lukasevangeliet 4:6-7). Djævlen antyder her, at "magt og herlighed" er "overgivet" fra Adam, og at han kan give den videre til en tredje person.

Ja, Adam mistede al autoriteten og overdragede den til djævlen, og som konsekvens blev han djævlens slave. Siden da øgede Adam sin synd under djævlens kontrol, og han kom ind på dødens vej, hvilket er syndens løn. Dette stoppede ikke med Adam, men påvirkede alle hans efterkommer, som arvede Adams oprindelige synd. De blev også lagt under djævlens og Satans autoritet, og gik mod døden.

Derfor var det nødvendigt, at der skulle komme en Messias. Ikke alene Guds udvalgte folk israelitterne, men også alle andre folk på jorden havde brug for en Messias, som ville være i stand til at befri dem fra djævlens og Satans autoritet.

Messias' kvalifikationer

Ligesom der er love i denne verden, er der også regler og retningslinjer i den spirituelle verden. Det afhænger af lovene i det spirituelle rige, om en person vil falde i døden eller få tilgivelse for sine synder og blive frelst.

Så hvilke kvalifikationer skal en person have, for at blive den Messias, der kan frelse hele menneskeheden fra lovens forbandelse?

Forsynet vedrørende Messias' kvalifikationer findes i den lov, som Gud gav sit udvalgte folk. Denne lov vedrører indløsning af land.

> *"Der må ikke sælges land uigenkaldeligt, for landet er mit; I er fremmede og tilflyttere hos mig. I hele det land, I ejer, skal I sørge for, at jorden kan indløses. Når det går dårligt for din landsmand, så han må sælge af sin ejendom, skal den, der står ham nærmest, træde til som løser og indløse, hvad han slægtning har solgt"* (Tredje Mosebog 25:23-25).

Loven om indløsning af land indeholder hemmeligheder om Messias' kvalifikationer

Guds udvalgte folk israelitterne underkaster sig loven. Når der bliver købt eller solgt land, overholder de strengt loven om indløsning af land, som den er skrevet i Bibelen. Til forskel fra tilsvarende love i andre lande, gør Israels lov det klart i kontrakten, at landet ikke bliver solgt uigenkaldeligt, men kan blive købt tilbage på et senere tidspunkt. Dette kræver, at en velstående slægtning indløser landet for det medlem af familien, som har solgt det. Hvis personen ikke har nogen slægtning, som er velstående nok til at indløse jorden, men selv samler midler til at indløse, så tillader loven, at den oprindelige ejer indløser landet for sig selv.

Så hvordan er loven om indløsning af land i Tredje Mosebog relateret til Messias' kvalifikationer?

For at forstå dette bedre, må vi huske, at mennesket blev dannet af jordens støv. I Første Mosebog 3:19 siger Gud til Adam: *"I dit ansigts sved skal du spise dit brød, indtil du vender tilbage til jorden, for af den er du taget. Ja, jord er du, og til jord skal du blive."* Og i Første Mosebog 3:23: *"Så sendte Gud Herren dem ud af Edens have til at dyrke agerjorden, som de var taget af."*

Gud sagde til Adam: "Jord er du." "Landet" henviser spirituelt set til, at mennesket er dannet af jordens støv. Så loven om indløsning af land, som omhandler salg og køb af jord, er direkte relateret til loven i det spirituelle rige vedrørende menneskehedens frelse.

Ifølge loven om indløsning af land ejer Gud alt landet, og intet menneske kan sælge det uigenkaldeligt. På samme måde var det med al den autoritet, som Adam fik af Gud. Den tilhørte oprindelig Gud, og kunne således ikke sælges uigenkaldeligt. Hvis en fattig person solgte sit land, måtte det indløses, når der viste sig en person, som var egnet til at gøre det. På samme måde måtte djævlen tilbagelevere den autoritet, som var blevet overdraget fra Adam, når et individ, som kunne indløse autoriteten, viste sig.

På grundlag af loven om indløsning af land, beredte kærlighedens og retfærdighedens Gud et individ, som kunne genvinde al den autoritet, som Adam havde overdraget til Djævlen. Denne person er Messias, og Messias er Jesus Kristus, som var blevet forberedt siden tidens begyndelse og som var sendt af Gud selv.

Frelserens kvalifikationer og deres opfyldelse ved Jesus Kristus

Lad os undersøge, hvorfor Jesus er Messias og Frelser for hele menneskeheden ud fra loven om indløsning af land.

For det første skal løseren af landet være en slægtning, så Frelseren må også være et menneske for at forløse menneskeheden for deres synder, som alle mennesker her nedarvet gennem den oprindelige synd ved det første menneske Adam. Tredje Mosebog 25:25 fortæller os: *"Når det går dårligt for din landsmand, så han må sælge af sin ejendom, skal den, der står ham nærmest, træde til som løser og indløse, hvad hans slægtning har solgt."* Hvis en person ikke lægere har råd til at beholde sin jord, og derfor sælger fra, kan hans nærmeste slægtning købe jorden tilbage. På samme måde kan indløsningen af den autoritet, som er blevet overdraget til djævlen af det første menneske Adam, da han syndede, foretages af Adams nærmeste slægtning.

Som vi ser i Første Korintherbrev 15:21: *"Fordi døden kom ved et menneske, er også de dødes opstandelse kommet ved et menneske."* Bibelen bekræfter, at forløsningen af syndere ikke kunne gennemføres af engle eller dyr, men kun af et menneske. Menneskeheden gik på dødens vej på grund af det første menneske, Adams, synd. Nogen måtte forløse alle mennesker fra deres synder, og kun et menneske, Adams nærmeste slægtning, kunne gøre det.

Jesus havde både en menneskelig natur og en guddommelig natur som Guds søn. Han blev født af et menneske for at forløse menneskeheden fra deres synder (Johannesevangeliet 1:14) og voksede op. Som menneske følte Jesus sult og tørst, han sov og havde glæder og sorger. Da han hang på korset, blødte han og følte den ledsagende smerte.

Selv i en historisk sammenhæng er der ubenægtelige beviser på, at Jesus kom til denne verden som menneske. Med Jesu fødsel som reference opdeles historien i to: "Før Kristus", som henviser til tiden før Kristi fødsel, og "efter Kristus" eller "Anno Domini" (Herrens år), som henviser til tiden efter Jesu fødsel. Dette bekræfter at Jesus kom til denne verden som menneske. Jesus opfylder således den første kvalifikation som Frelser, fordi han kom til denne verden som et menneske.

For det andet: Ligesom en løser ikke vil kunne indløse landet, hvis han er fattig, kan Adams efterkommere ikke forløse menneskeheden for deres synder, for Adam syndede og alle hans efterkommerne er født med arvesynden. Menneskehedens frelser kan derfor ikke være en efterkommer af Adam.

Hvis en mand ønsker at tilbagebetale sin søsters gæld, så må han først selv være skyldfri. På samme måde må en person, som ønsker at forløse andre fra deres synder, også selv være uden synd. Hvis løseren er syndefuld, en slave af synden, hvordan kan han så forløse andre fra deres synder?

Efter at Adam begik ulydighedens synd, er alle hans efterkommere blevet født med arvesynden. En efterkommer af Adam kunne derfor aldrig blive Frelseren.

I kødelige termer er Jesus efterkommer at David og af sine forældre Mary og Joseph. I Matthæusevangeliet 1:20 står der dog: *"Det barn, hun venter, er blevet undfanget ved Helligånden."*

Når alle personer er født med arvesynden, skyldes det, at de arver deres forældres syndefulde karakteristika både gennem faderens sperm og gennem moderens æg. Jesus blev dog ikke undfanget ved Josefs sperm og Marias æg, men derimod ved Helligåndens kraft. Maria blev nemlig gravid, før de overhovedet havde sovet sammen. Den almægtige Gud kan lade et æg blive undfanget ved Helligåndens kraft uden foreningen af en sædcelle og et æg.

Jesus "lånte" bare Jomfru Marias krop. Da han blev undfanget ved Helligåndens kraft, arvede han ikke nogen syndefulde karakteristika. Han er dermed ikke efterkommer af Adam og har ikke nogen arvesynd, så han opfylder også den anden af Frelserens kvalifikationer.

For det tredje: Ligesom løseren må være rig nok til at indløse landet, må menneskehedens frelser have kraft til at overvinde djævlen og frelse menneskeheden. Tredje Mosebog 25:26-27 fortæller os: *"Den, som ingen løser har, men som selv skaffer tilstrækkeligt til indløsningen, skal regne ud, hvor mange år der er gået siden slaget, og betale for den resterende tid til den mand, han har solgt til; så kan han vende tilbage til sin ejendom."* Med andre ord skal en person have tilstrækkelige midler for at kunne købe tilbage.

Skal man frelse krigsfanger kræver det, at den ene part har kraft til at overvinde fjenden, og vil man udbetale andres gæld, kræver det, at man har finansielle midler. På samme måde kræves det, at Frelseren har kraft til at overvinde djævlen, hvis han skal befri hele menneskeheden fra djævlens autoritet.

Før sin synd havde Adam kraft til at herske over alle skabninger, men efter sin synd blev han underlagt djævlens autoritet. Af dette kan vi lære, at kraft til at overvinde djævlen kommer af skyldfrihed.

Jesus, Guds søn, var fuldstændig fri for synd. Da Jesus blev undfanget af Helligånden og ikke som efterkommer af Adam, havde han ikke nogen arvesynd. Desuden adlød han Guds lov hele sit liv, og han begik ikke selv nogen synder. Derfor sagde apostlen Peter om Jesus: *"Han gjorde ikke synd, og der fandtes ikke svig i hans mund, han svarede ikke med skældsord, da han blev skældt ud, under sine lidelser truede han ikke, men overgav sin sag til ham, der dømmer retfærdigt"* (Første Peterbrev 2:22-23).

Da Jesus var uden synd, havde han magt og autoritet til at overvinde djævlen og han havde kraft til at frelse menneskeheden. Hans utallige manifestationer af mirakuløse tegn og undere vidner om dette. Jesus helbredte de syge, uddrev dæmoner, fik de blinde til at se, de døve til at høre og krøblingene til at gå. Han beroligede endda det oprørte hav og genoplivede de døde.

Det, at Jesus var uden synd, bekræftes utvivlsomt af hans genopstandelse. Ifølge loven i det spirituelle rige, må syndere gå døden i møde (Romerbrevet 6:23). Da Jesus ikke havde nogen synd, blev han dog ikke underlagt dødens magt. Han udåndede på korset, og hans krop blev langt ind i en grav, men på tredje dag genopstod han.

Vi må huske på, at de store trosfædre såsom Enok og Elias blev løftet op i himlen levende uden at møde døden, fordi de ikke havde nogen synd og var fuldt ud hellige. På samme måde brød Jesus djævlens og Satans autoritet gennem sin genopstandelse tre dage efter at han blev begravet, og blev dermed hele menneskehedens frelser.

For det fjerde må løseren af land havde tilstrækkelig kærlighed til at indløse landet for sin slægtning, og Frelseren af menneskeheden må ligeledes have kærlighed til at ofre sit liv for andre.

Selv om en person opfylder de første tre kvalifikationer, som nævnes ovenfor, vil han ikke kunne blive menneskehedens frelser uden kærlighed. Lad os antage, at en mand har en gæld på 100.000 dollars, og at hans søster er mangemillionær. Uden kærlighed vil søsteren dog ikke tilbagebetale broderens gæld, og hendes enorme velstand vil være uden betydning for ham.

Jesus kom til denne verden som et menneske, han var ikke efterkommer af Adam, og han havde kraft til at overvinde djævlen og frelse menneskeheden, fordi han overhovedet ikke havde nogen synd. Men hvis han ikke havde haft kærlighed, kunne han ikke have forløst menneskeheden fra deres synder. At forløse menneskeheden fra deres synder betød, at Jesus måtte modtage dødens straf på deres vegne. Han måtte korsfæstes som en af verdens mest afskyelige syndere, lide alle former for hån og foragt, og udgyde vand og blod til døden. Men da Jesus elskede menneskeheden så inderligt, var han villig til at forløse alle mennesker fra deres synder, og han gjorde det uden at skåne sig selv for korsfæstelsens straf.

Så hvorfor måtte Jesus hænge på et trækors og udgyde blod til døden? Som der står i Femte Mosebog 21:23: *"Den, der er hængt på et træ, er en Guds forbandelse"*, og ifølge loven i det spirituelle rige, som dikterer at *"syndens løn er død"*, blev Jesus hængt på et trækord for at forløse hele menneskeheden fra syndens forbandelse, som de var bundet af.

Desuden står der i Tredje Mosebog 17:11: *"For kødets liv er blodet, og det har jeg givet jer til at komme på alteret for at skaffe soning for jer; det er blodet, der skaffer soning, fordi det er livet."* Der er ingen tilgivelse af synder uden blodsudgydelse.

Der står ganske vist i Tredje Mosebog, at det er muligt at ofre det fine mel til Gud i stedet for dyreblodet. Det gjaldt dog kun for de mennesker, som ikke var i stand til at ofre dyr. Og det var ikke en form for ofring, som behagede Gud. Jesus forløste os fra vores synder ved at blive hængt på et trækors og bløde ihjel på det.

Hvilken forunderlig kærlighed havde Jesus, at han udgød sit blod på korset og åbnede vejen til frelse for de mennesker, som hånede og korsfæstede ham, selv om han havde helbredt folk med alle former for sygdomme, løsnet ondskabens bånd og kun gjorde det gode!

På grundlag af loven om indløsning af land kan vi konkludere, at kun Jesus opfylder kvalifikationerne som Frelseren, som kan forløse menneskeheden fra deres synder.

Menneskehedens vej til frelse blev forberedt før tidens begyndelse

Menneskehedens vej til frelse blev åbnet, da Jesus døde på korset og genopstod på tredje dag, hvorved han brød dødens autoritet. Det blev forudsagt i det øjeblik, Adam syndede, at Jesus ville komme til denne verden for at fuldføre forsynet for menneskehedens frelse og blive menneskers Messias.

I Første Mosebog 3:15 siger Gud til slangen, som fristede kvinden: *"Jeg sætter fjendskab mellem dig og kvinden, mellem dit afkom og hendes; Hendes afkom skal knuse dit hoved, og du skal bide hendes afkom i hælen."* Kvinden symboliserer her i spirituel forstand Guds udvalgte folk i Israel, og slangen henviser til den fjendtlige djævel og Satan, som har sat sig op mod Gud. At kvindens afkom skal knuse slangens hoved betyder, at menneskehedens Frelser ville komme blandt israelitterne og overvinde dødens magt og den fjendtlige djævel.

En slange er magtesløs i det øjeblik, dens hoved er blevet knust. Da Gud fortalte slangen, at kvindens afkom ville knuse dens hoved, profeterede han at menneskehedens Kristus ville blive født i Israel og ødelægge djævlens og Satans autoritet og frelse de syndere, der var bundet af denne autoritet.

Da djævlen blev klar over dette, forsøgte den at dræbe kvindens afkom, før det kunne knuse dens hoved. Djævlen troede, at den for evigt kunne have den autoritet, som var blevet overdraget fra den ulydige Adam, hvis den kunne dræbe kvindens afkom. Den fjendtlige djævel vidste dog ikke, hvem kvindens afkom ville være, at forsøgte derfor at dræbe Guds trofaste og elskede profeter helt fra gammeltestamentlig tid.

Da Moses blev født, havde den fjendtlige djævel opildnet Farao i Egypten til at dræbe alle drengebørnene født af israelske kvinder (Anden Mosebog 1:15-22), og da Jesus kom til verden i kød, bevægede djævlen kong Herodes' hjerte til at dræbe alle drengebørn under to år i Betlehem og omegn. Derfor arbejdede Gud for Jesu familie og lod dem flygte til Egypten.

Derefter voksede Jesus op under selveste Guds varetægt, og han begyndte sit offentlige virke i en alder af 30. I overensstemmelse med Guds vilje tog Jesus rundt i hele Galilæa, underviste i synagogerne, helbredte enhver form for sygdom og lidelse blandt folket, genoplivede de døde og prædikede budskabet om det himmelske rige for de fattige.

Djævlen og Satan opildnede ypperstepræsterne, de skriftkloge og farisæerne, og begyndte at planlægge at dræbe Jesus gennem disse mennesker. Men de onde kunne ikke røre Jesus før Guds udvalgte tidspunkt. Først ved slutningen af Jesu tre år lange offentlige virke lod Gud dem arrestere og korsfæste ham for at fuldføre forsynet for menneskehedens frelse.

Under pres fra jøderne dømte den romerske guvernør Pontius Pilatus Jesus til korsfæstelse, og de romerske soldater kronede ham med torne og sømmede hans hænder og fødder fast på korset.

Korsfæstelse var en af de mest ondskabsfulde metoder til

at henrette forbrydere. Da det lykkedes djævlen at få Jesus korsfæstet på denne onde måde af onde menneske, frydede den sig sikkert! Den forventede, at ingen ville være i stand til at forhindre den i at regere over hele verden, og den sang og dansede af glæde. Men i dette fandtes Guds forsyn.

"Hvad vi taler om, er Guds hemmelige visdom, som var skjult, men som Gud allerede før tidernes begyndelse havde bestemt skulle føre os til herlighed. Den visdom har ingen af denne verdens herskere kendt, for havde de kendt den, ville de ikke have korsfæstet herlighedens Herre" (Første Korintherbrev 2:7-8).

Da Gud er retfærdig, bruger han ikke sin fuldkomne autoritet i den grad, at han bryder loven, men gør i stedet alt i overensstemmelse med loven i den spirituelle rige. Han brolagde således vejen til menneskehedens frelse før tidens begyndelse i overensstemmelse med sin lov.

Ifølge den lov i det spirituelle rige, som siger at "syndens løn er død" (romerbrevet 6:23), kan en person ikke dø, hvis han ikke har nogen synd. Men djævlen korsfæstede den syndfri, uplettede og skyldfri Jesus. Han brød dermed loven i det spirituelle rige, og måtte betale sin bøde ved at tilbagelevere den autoritet, som Adam havde overdraget efter at have begået ulydighedens synd. Med andre ord var djævlen tvunget til at slippe sit tag på alle de mennesker, som ville tage imod Jesus som deres Frelser og tro på hans navn.

Hvis den fjendtlige djævel havde kendt til Guds visdom, ville den ikke have korsfæstet Jesus. Men da den ikke havde nogen anelse om denne hemmelighed, fik den den syndfri Jesus dræbt i fast tiltro til, at den dermed ville herske over verden til evig tid. Men rent faktisk faldt djævlen i sin egen fælde, og den endte med at bryde loven i det spirituelle rige. Hvor er Guds visdom forunderlig!

Sandheden er, at den fjendtlige djævel blev et redskab i opfyldelsen af Guds forsyn for menneskehedens frelse, og som det blev profeteret i Første Mosebog, blev dens hoved knust af kvindens afkom.

Ved Guds forsyn og visdom døde den syndfri Jesus for at forløse hele menneskeheden fra deres synder. Han brød dødens autoritet for den fjendtlige djævel ved sin genopstandelse på tredje dag, og blev kongernes Konge og herrernes Herre. Han åbnede døren til frelse, sådan at vi kan blive retfærdige gennem troen på Jesus Kristus.

Utallige mennesker er gennem historien blevet frelst gennem troen på Jesus Kristus, og i dag er der stadig flere, som tager imod Herre Jesus Kristus.

At få Helligånden gennem troen på Jesus Kristus

Hvorfor bliver vi frelst, når vi tror på Jesus Kristus? Når vi tager imod Jesus Kristus som vores frelser, får vi Helligånden af Gud. Og når vi får Helligånden, vil vores ånd, som har været død, blive genoplivet. Da Helligånden er Guds hjerte og kraft, fører den Guds børn ind i sandheden og hjælper dem til at leve ved Guds vilje.

De mennesker, som i sandhed tror på Jesus Kristus som deres Frelser, vil derfor følge Helligåndens ønsker og stræbe efter at leve ved Guds ord. De vil skille sig af med had, temperament, jalousi, misundelse, fordømmelse af andre og utroskab, og i stedet gå i godhed og sandhed, og forstå, tjene og elske andre mennesker.

Som tidligere nævnt døde menneskets ånd og menneskeheden kom ind på ødelæggelsens vej, da det første menneske Adam syndede ved at spise af kundskabens træ. Men når vi får Helligånden, bliver vores døde ånd genoplivet, og i samme grad som vi søger at opfylde Helligåndens ønsker og gå i sandhedens ord fra Gud, bliver vi gradvist sande mennesker og genvinder Guds tabte billede.

Når vi går i sandhedens ord fra Gud, vil vores tro blive anerkendt som "sand tro" og da vores synder vil blive renset af Jesu blod i overensstemmelse med vores troshandlinger, kan vi opnå frelse. Af samme grund står der i Første Johannesbrev 1:7: *"Hvis vi vandre i lyset, ligesom han [Gud] er i lyset, har vi fællesskab med hinanden, og Jesu, hans søns, blod renser os for al synd."*

Sådan når vi til frelsen ved troen efter at have fået tilgivelse for vores synder. Men hvis vi går i synd til trods for vores bekendelser af tro, så er bekendelsen en løgn, og dermed kan blodet fra vores Herre Jesus Kristus ikke forløse os fra vores synder, og han kan ikke garantere vores frelse.

Dette er naturligvis anderledes for folk, der netop har modtaget Jesus Kristus. Selv om de endnu ikke går i sandheden, vil Gud undersøge deres hjerter, tro på at de vil forandre sig og føre dem til frelse, når de stræber efter at gå frem mod sandheden.

Jesus opfylder profetierne

Guds ord om Messias, som var blevet profeteret gennem profeterne, blev opfyldt af Jesus. Ethvert aspekt af Jesu liv fra hans fødsel og offentlige virke til hans korsfæstelse, død og genopstandelse, var en del af Guds forsyn, for at han skulle blive Messias og Frelseren for hele menneskeheden.

Jesus blev født af en jomfru i Betlehem

Gud profeterede Jesu fødsel gennem profeten Esajas. På Guds udvalgte tidspunkt kom den Højeste Guds kraft ned over en ren kvinde ved navn Maria i Nazareth i Galilæa, og hun blev hurtigt med barn.

> "Men Herren vil selv give jer et tegn: Se, den unge kvinde skal blive med barn og føde en søn, og hun skal give ham navnet Immanuel" (Esajas' Bog 7:14).

Som Gud lovede Israels folk: "Dit [Davids] hus og dit kongedømme skal stå fast for mit ansigt til evig tid." Han lod Messias føde af en kvinde ved navn Maria, som stod for at blive gift med Josef, der var af Davids slægt. Da en efterkommer af Adam, som var født med arvesynden, ikke kunne forløse menneskeheden fra deres synder, opfyldte Gud sin profeti ved at lade Jomfru Maria føde Jesus, før hun blev gift med Josef.

> *"Du, Betlehem, Efrata, du er lille blandt Judas slægter. Fra dig skal der udgå en, som skal være hersker i Israel; hans udspring er i fortiden, i ældgamle dage"* (Mikas' Bog 5:1).

Bibelen profeterede at Jesus ville blive født i Betlehem. Og Jesus blev faktisk født i Betlehem i Judæa under kong Herodes tid (Matthæusevangeliet 2:1), hvilket også bevidnes i historiske dokumenter.

Da Jesus blev født, var kong Herodes bange for, at hans herredømme skulle blive truet, og han forsøgte at dræbe ham. Men da han ikke kunne finde barnet, lod han alle drengebørn under to år i Betlehem og omegn slå ihjel, og der var derfor sorg og klage i hele regionen.

Hvis Jesus ikke var kommet til denne verden som jødernes sande konge, hvorfor skulle kongen så have ofret så mange børn for at få ram på én baby? Denne tragedie opstod, fordi den fjendtlige djævel, som forsøgte at dræbe Messias af frygt for at miste sit herredømme over verden, opildnede kong Herodes, som selv var bange for at miste tronen, og derfor begik denne vederstyggelighed.

Jesus vidner om den levende Gud

Før Jesu offentlige virke begyndte, levede han i 30 år, hvor han fuldt ud overholdt loven. Og da han blev gammel nok til at blive præst, begyndte han sit offentlige virke for at blive Messias, som det var blevet planlagt før tidernes begyndelse.

"Gud Herrens ånd er over mig, fordi Herren har salvet mig. Han har sendt mig for at bringe godt budskab til de fattige og lægedom til dem, hvis hjerte er knust, for at udråbe frigivelse for fanger og løsladelse for lænkede, for at udråbe et nådeår fra Herren og en hævndag fra vor Gud, for at trøste alle, der sørger, for at give Zions sørgende hovedpynt i stedet for aske, glædens olie i stedet for sørgedragt og lovsang i stedet for svigtende mod. De skal kaldes retfærdighedens ege, plantet af Herren til hans herlighed" (Esajas' Bog 61:1-3).

Som vi ser i ovenstående profeti, løste Jesus alle livets problemer med Guds kraft og trøstede de sørgende. Og da Guds udvalgte tidspunkt kom, tog Jesus ind i Jerusalem for at møde lidelsen.

"Bryd ud i jubel, Zions datter, råb af fryd, Jerusalems datter! Se, din konge kommer til dig, retfærdig og sejrrig, sagtmodig, ridende på et æsel, på

en *æselhoppes føl"* (Zakarias' Bog 9:9).

Som der står i Zakarias' profeti, kom Jesus ind i Jerusalem ridende på et æsel. Folkemængden råbte: *"Hosianna, Davids søn! Velsignet være han, som kommer, i Herrens navn" Hosianna i det højeste!"* (Matthæusevangeliet 21:9) Hele byen var spændt. Folk glædede sig, fordi Jesus manifesterede så forunderlige tegn og undere som at gå på vandet og genoplive de døde. De ville dog hurtigt bedrage ham og korsfæste ham.

Præsterne, farisæerne og de skriftkloge følte at deres position i samfundet blev truet, da de så de store skarer, som fulgte Jesus for at høre hans ord og se manifestationerne af Guds kraft, og de planlagde at dræbe ham. De lavede alle former for falske beviser mod Jesus og anklagede ham for at bedrage folk. Jesus udviste forunderlige gerninger med Guds kraft, som ikke kunne være blevet gennemført, hvis ikke Gud var med ham, men de forsøgte alligevel at skille sig af med ham.

Til sidst blev Jesus bedraget af en af sine disciple, som præsterne betalte tredive sølvstykker for at hjælpe med at arrestere ham. Zakarias' profeti om de tredive sølvstykker: *"Jeg tog de tredive sekel og kastede dem hen til støberen"* (Zakarias' Bog 11:13), blev således opfyldt.

Senere var den mand, som havde forrådt Jesus for tredive sølvstykker, ude af stand til at leve med skyldfølelsen, og han smed pengene ind i templet, men præsterne brugte dem til at købe Pottemagermarken (Matthæusevangeliet 27:3-10).

Jesu lidelse og død

Som profeten Esajas profeterede, led Jesus for at frelse alle mennesker. Da han kom til denne verden for at gennemføre forsynet for forløsningen af folket fra deres synder, blev han korsfæstet og døde på et trækors, som var symbol på forbandelsen. Han blev ofret til Gud som et skyldoffer for menneskeheden.

"Men det var vore sygdomme, han tog, det var vore lidelser, han bar; og vi regnede ham for en, der var ramt, slået og plaget af Gud. Men han blev gennemboret for vore overtrædelser og knust for vore synder. Han blev straffet, for at vi kunne få fred, ved hans sår blev vi helbredt. Vi flakkede alle om som får, vi vendte os hver sin vej; men Herren lod al vor skyld ramme ham. Han blev plaget og mishandlet, men han åbnede ikke sin mund; som et lam, der føres til slagtning, som et får, der er stumt, mens det klippes, åbnede han ikke sin mund. Fra fængsel og dom blev han taget bort. Hvem tænkte på hans slægt, da han blev revet bort fra de levendes land? For mit folks synder blev han ramt. Man gav ham grav blandt forbrydere og gravplads blandt de rige, skønt han ikke havde øvet uret, der fandtes ikke svig i hans mund. Det var Herrens vilje at knuse ham med sygdom. Når hans liv er bragt som skyldoffer, ser han afkom og får et langt liv, og Herrens vilje lykkes ved ham" (Esajas' Bog 53:4-10).

Under gammeltestamentlig tid blev der ofret dyreblod til Gud, når en person havde syndet mod ham. Men Jesus udgød sit rene blod, som hverken var besudlet af arvesynd eller synd, som han selv havde begået, og blev dermed det offer, der én gang for alle udsonede synderne, sådan at alle mennesker kunne blive tilgivet og opnå det evige liv (Hebræerbrevet 10:11-12). Han banede dermed vejen for syndernes tilgivelse og frelse gennem troen på Jesus Kristus, og der er ikke længere behov for at ofre dyreblod.

Da Jesus udåndede på korset, blev forhænget i templet flænget i to fra top til bund (Matthæusevangeliet 27:51). Forhænget i templet var et stort gardin, som adskilte det helligste hellige fra den øvrige del af templet, og ingen almindelige mennesker havde adgang til det helligste hellige. Kun præsterne måtte komme der ind, og kun én gang om året.

Det at forhænget blev flænget i to, betyder at da Jesus ofrede sig selv som soning til Gud, ødelagde han syndens mur, som stod mellem Gud og mennesket. På gammeltestamentlig tid ofrede ypperstepræsterne til Gud for at forløse Israels folk fra deres synder, og de bad til Gud på vegne af folket. Nu hvor syndens mur, som stod mellem Gud og os, er ødelagt, kan vi selv kommunikere med Gud. Men andre ord kan enhver, som tror på Jesus Kristus, komme ind i det helligste hellige for at tilbede Gud og bede til ham.

"Derfor giver jeg ham del med de store, med de mægtige deler han bytte, fordi han hengav sit liv til

døden og blev regnet blandt lovbrydere. Men han bar de manges synd og trådte i stedet for synderne"* (Esajas' Bog 53:12).

Som profeten Esajas havde skrevet om Messias korsfæstelse og lidelse, sådan døde Jesus på korset for alle menneskers synder, og tog alle lidelserne. Selv mens han døde på korset, bad han Gud om tilgivelse for de mennesker, som korsfæstede ham.

"Fader, tilgiv dem, for de ved ikke, hvad de gør" (Lukasevangeliet 23:34).

Da han døde på korset, blev profetien i Salmernes Bog: *"Han beskytter alle hans knogler, ingen af dem bliver knust"* (Salmernes Bog 34:21), opfyldt. Dette ser vi også i Johannesevangeliet 19:32-33: *"Så kom soldaterne og knuste benene på den første og på den anden, som var korsfæstet sammen med Jesus. Da de kom til Jesus og så, at han allerede var død, knuste de ikke hans ben."*

Jesus fuldfører sit virke og bliver Messias

Jesus bar menneskehedens synder på korset, og han døde på korset for dem som offer, men forsynet for frelsen blev ikke opfyldt ved Jesu død.

Som det profeteres i Salmernes Bog 16:10: *"For du vil ikke prisgive mig til dødsriget, din fromme vil du ikke lade se graven"*, og i Salmernes Bog 118:17: *"Jeg skal ikke dø, men leve og fortælle om Herrens gerninger."* Jesu krop fordærvede ikke, og han genopstod på tredje dag.

Som det blev profeteret i Salmernes Bog 68:19: *"Du er steget op til det høje, du har ført fanger med, du har taget gaver blandt menneskene, selv de genstridige; Gud Herren skal bo der."* Jesus steg op til himlen og har der ventet på de sidste dage, hvor han vil fuldføre kultiveringen af menneskeheden og føre sit folk til himlen.

Det er let at se, at alt, som Gud har profeteret om Messias gennem sine profeter, er blevet opfyldt fuldstændig gennem Jesus Kristus.

Jesu død og profetierne om Israel

Guds udvalgte Israel anerkendte ikke Jesus som Messias. Men Gud har dog ikke forsaget sit udvalgte folk, og selv i dag gennemfører han sit forsyn for Israels frelse.

Selv under Jesu korsfæstelse profeterede Gud om Israels fremtid. Det skyldes, at han har oprigtig kærlighed til folket og ønsker, at de skal tro på den Messias, som Gud sendte, sådan at de kan opnå frelse.

Lidelsen for det Israel, som korsfæstede Jesus

Selv om den romerske guvernør Pontius Pilatus dømte Jesus til korsfæstelse, så var det jøderne, som overtalte Pilatus til at træffe denne afgørelse. Pilatus var bevidst om, at der ikke var noget grundlag for at dræbe Jesus, men han blev presset af skarerne, som råbte at Jesus skulle korsfæstes, og var ved at starte et oprør.

Da Pilatus havde taget afgørelsen om at korsfæste Jesus, vaskede han sine hænder i skarernes påsyn og sagde: "Jeg er uskyldig i denne mands blod. Det bliver jeres sag." (Matthæusevangeliet 27:24). Og jøderne råbte som svar: "Lad hans blod kommer over os og vore børn!" (Matthæusevangeliet 27:25).

I år 70 efter Kristus faldt Jerusalem for den romerske general Titus. Templet blev ødelagt og de overlevende blev tvunget til at forlade deres hjemland og spredes over hele verden. Således begyndte jødernes eksil, og det varede næsten 2000 år. Under denne periode måtte Israels folk udholde lidelser, som ikke kan beskrives tilstrækkeligt med ord.

Da Jerusalem faldt blev ca. 1,1 million jøder slået ihjel, og under Anden Verdenskrig led omkring seks millioner jøder under nazisternes massakre. Nazisterne klædte jøderne af til skindet, når de slog dem ihjel, og dette er en påmindelse om Jesu korsfæstelse, hvor også han var nøgen.

Israelitterne kan naturligvis argumenterer for, at deres lidelser ikke er en konsekvens af, at de har korsfæstet Jesus. Ser man tilbage på Israels historie, kan man dog let se, at Israel og dets folk blev beskyttet af Gud og trivedes, når de levede efter Guds vilje. Men når de fjernede sig fra Guds vilje, blev de disciplineret og led under prøvelser.

Så vi kan se, at Israels lidelser havde en årsag. Hvis det i Guds øjne havde været rigtigt at korsfæste Jesus, hvorfor skulle han så have ladet Israel gennemgå problemer og hårde prøvelser i så lang tid?

Jesu tøj og kjortel, og Israels fremtid

En anden hændelse, som antydede de ting, der ville ske i Israel, fandt sted ved siden af pladsen, hvor Jesus blev korsfæstet. Vi ser i Salmernes Bog 22:18: *"De deler mine klæder mellem sig, de kaster lod om min klædning."* De romerske soldater tog Jesu ydre klæder og delte dem i fire, en del til hver soldat, men de kastede lod om hans kjortel, sådan at en af soldaterne fik den.

Hvordan er denne hændelse relateret til Israels fremtid? Da Jesus er jødernes konge, er hans tøj spirituelt symbol for Guds udvalgte stat Israel og dens folk. Jesu tøj blev delt i fire, og dette var et tegn på, at staten Israel ville blive ødelagt. Dog blev tøjet ikke ødelagt, og det betyder, at selv om staten Israel ville forsvinde, så ville navnet Israel bestå.

Hvad betyder det, at de romerske soldater tog Jesu tøj og delte det i fire dele, én til hver soldat? Det var tegn på, at Israels folk ville blive ødelagt af Rom og spredt ud. Profetien blev opfyldt med Jerusalems fald og ødelæggelsen af staten Israel, som tvang jøderne til at spredes ud over hele verden.

Om Jesu kjortel læser vi i Johannesevangeliet 19:23: *"Også kjortlen tog de, men den var uden sammensyninger, vævet i ét stykke fra øverst til nederst."* Kjortlen var således vævet af én gang, dvs. der var ikke tale om flere stykker stof, der var syet sammen.

De fleste mennesker tænker ikke over, hvordan deres tøj er vævet. Så hvorfor fortæller Bibelen om strukturen af Jesu kjortel? Fordi det er en profeti om, hvad der vil ske med Israels folk.

Jesu kjortel symboliserer det israelske folks hjerte – det hjerte, hvormed de tjener Gud. At kjortlen var "uden sammensyninger, vævet i ét stykke" betyder, at Israels hjerte overfor Gud har været det samme siden deres forfader Jakob, og at det ikke vakler under nogen omstændigheder.

Gennem de tolv stammer som er kommet efter Abraham, Isak og Jakob, har de dannet en nation, og Israels folk har holdt fast ved deres renhed som nation uden at indgå ægteskaber med ikke-jøder. Efter opdelingen med riget Israel i nord og riget Judæa i syd, giftede folk i det nordlige rige sig med andre, men Judæa forblev en homogen nation. Selv i dag har jøderne bevaret deres identitet, som kan føres tilbage til trosfædrenes tid.

Så selv om det meste af Jesu tøj blev delt i fire dele, så forblev hans kjortel intakt. Dette betyder, at mens staten Israel kan forsvinde, så kan det israelske folks hjerte og deres tro på Gud ikke udslukkes.

Da deres hjerte ikke vakler, har Gud udvalgt dem til sit folk, og gennem dem har han gennemført sin plan og vilje til denne dag. Selv efter tusindvis af år, holder Israels folk sig stadig strikt til loven. Det skyldes, at de har arvet Jakobs uforanderlige hjerte.

Som resultat af dette rystede Israels folk hele verden ved at erklære deres uafhængighed og genoprettelse af staten næsten 1900 år efter at de mistede deres land d. 14. maj 1948.

"Jeg vil hente jer fra folkene og samle jer fra alle landene og bringe jer til jeres eget land" (Ezekiels Bog 36:24).

> *"I skal bo i det land, jeg gav jeres fædre; I skal være mit folk, og jeg vil være jeres Gud"* (Ezekiels Bog 36:28).

Som det blev profeteret allerede i det Gamle Testamente: *"Når lang tid er omme, skal du mønstres. Når årene er omme."* Israels folk begyndte at strømme til Palæstina for at genetablere staten (Ezekiels Bog 38:8). Ved at udvikle sig til et af verdens mest magtfulde lande har Israel endnu engang bekræftet overfor resten af verden, at de er en overlegen nation.

Gud ønsker at Israel skal forberede sig på Jesu genkomst

Gud ønsker, at det nyligt genoprettede Israel skal forberede sig på Messias' genkomst. Jesus kom til Israels land for ca. 2000 år siden og opfyldte fuldstændigt forsyndet for menneskehedens frelse ved at blive Frelser og Messias for dem. Da han steg op i himlen, lovede han at vende tilbage, og nu ønsker Gud, at hans udvalgte folk skal vente på Messias' genkomst med sand tro.

Når Messias, Jesus Kristus, kommer igen, vil han ikke komme til en lurvet stald eller være nødt til at lide på korset, som han gjorde for to årtusinder siden. I stedet vil han komme ledsaget af den himmelske skare og engle, og han vil vende tilbage til denne verden som Kongernes Konge og Herrernes Herre i Guds herlighed, som hele verden til se.

> *"Se, han kommer med skyerne, og hvert øje skal*

se ham, også de, som har gennemboret ham; og alle jordens folkestammer skal jamre over ham. Ja, amen" (Johannesåbenbaringen 1:7).

Når den fastsatte tid kommer, vil alle mennesker, både troende og ikke-troende, se Herrens genkomst i luften. På den dag vil alle de mennesker, der tror på Jesus som hele menneskehedens frelser, blive løftet op i skyerne og deltage i bryllupsfesten i luften, men de andre vil blive efterladt til at sørge.

Ligesom Gud skabte det første menneske Adam og begyndte menneskehedens kultivering, vil der helt sikkert også være en afslutning på den. Ligesom bonden sår sæden og høster afgrøderne, vil der komme en høsttid i menneskehedens kultivering. Guds kultivering af menneskeheden vil blive afsluttet med Messias', Jesu Kristi, genkomst.

Jesus fortæller os i Johannesåbenbaringen 22:7: *"ja, jeg kommer snart. Salig er den, der holder fast ved profetiens ord i denne bog."* Vor tid er de sidste dage. Gud har i sin umådelige kærlighed til Israel oplyst landets folk gennem historien, sådan at de vil tage imod Messias. Gud ønsker oprigtigt, at ikke alene hans udvalgte Israel, men også hele den øvrige menneskehed skal tage imod Jesus Kristus før menneskehedens kultivering afslutning.

Den hebræiske Bibel, der for de kristne er kendt som det Gamle Testamente

Kapitel 3
Den Gud, som Israel tror på

Loven og traditionerne

Mens Gud førte sit udvalgte folk, Israel, ud af Egypten og ind i det hellige land Kana'an, steg han ned til Sinaj bjergets top. Så kaldte Herren på Moses, som ledte flugten fra Egypten, og fortalte ham at præsterne skulle vies for at nærme sig Gud. Desuden gav han folket de Ti Bud og mange andre love gennem Moses.

Da Moses havde kundgjort alle Herrens ord og retsregler for folket, svarede de med én røst og sagde: *Alt, hvad Herren befaler, vil vi gøre"* (Anden Mosebog 24:3). Men mens Moses var på Sinaj bjerget i overensstemmelse med Guds kald, fik folket Aron til at skabe et billede af en tyrekalv, og de begik den store synd at tilbede den.

Hvordan kunne de være Guds udvalgte folk, når de begik så stor en synd? Alle mennesker siden Adam, som selv begik ulydighedens synd, er efterkommere af ham og er alle blevet født med en syndefuld natur. De kan ikke modstå synden, før de er blevet helliget gennem omskæring af deres hjerte. Derfor sendte Gud sin eneste søn Jesus, og gennem Jesu korsfæstelse åbnede han vejen til at menneskeheden kan blive tilgivet alle deres synder.

Så hvorfor gav Gud loven til folket? De Ti Bud, som Gud gav dem gennem Moses, retsreglerne og dekreterne kendes i dag som loven.

Gennem loven fører Gud sit folk til landet, der flyder med mælk og honning

Gud gav Israels folk loven under flugten fra Egypten, for at de skulle kunne nyde de velsignelser, hvormed de ville komme ind i Kana'ans land, landet som flød med mælk og honning. Folket modtog loven direkte fra Moses, men de overholdt ikke pagten med Gud og begik mange synder inklusiv tilbedelse af falske guder og utroskab. Til sidst døde de fleste af dem under de 40 år, hvor de levede i ørkenen.

Femte Mosebog blev nedskrevet i overensstemmelse med Moses' sidste ord, og fordyber sig i pagten med Gud og i lovene. Da det meste af den første generation af de mennesker, som flygtede fra Egypten, undtagen Josva og Caleb, døde, og den tid kom, hvor Moses måtte forlade Israels folk, opfordrede han inderligt anden og tredje generation til at elske Gud og adlyde hans befalinger.

> *"Og nu, Israel, hvad andet kræver Herren din Gud af dig, end at du skal frygte Herren din Gud, vandre ad alle hans veje og elske ham og tjene Herren din Gud af hele dit hjerte og af hele din sjæl, så du holder*

Herrens befalinger og hans love, som jeg giver dig i dag, til bedste for dig selv"(Femte Mosebog 10:12-13).

Gud gav dem loven, fordi han ønskede, at de skulle adlyde den villigt af hjertets grund og for at bekræfte deres kærlighed til Gud gennem deres lydighed. Gud gav dem på ingen måde loven for at begrænse dem eller binde dem, men fordi han ønskede at tage imod deres lydige hjerter og velsigne dem.

"Disse ord, som jeg i dag befaler dig, skal ligge dig på sinde, og du skal gentage dem for dine sønner; du skal fremsige dem, både når du er hjemme, og når du er ude, når du går i sang, og når du står op. Du skal binde dem om din hånd som et tegn, de skal sidde på din pande som et mærke, og du skal skrive dem på dørstolperne i dit hjem og i dine porte" (Femte Mosebog 6:6-9).

Gennem disse vers fortalte Gud israelitterne, hvordan de skulle bære loven i deres hjerter, lære den fra sig og praktisere den. Gennem tiden er budene og retsreglerne fra Gud, som er skrevet i de fem Mosebøger, blevet husket og overholdt, men der er særligt fokus på at overholde loven udadtil.

Loven og de ældres tradition

Loven befalede for eksempel at sabbatten skulle holdes hellig, og de ældre regulerede mange detaljerede traditioner, som kunne udvikles til at forbyde brugen af automatiske døre, elevatorer og rulletrapper, samt at åbne forretningsbreve, pas og pakker. Hvordan begyndte de ældres tradition?

Da Guds tempel blev ødelagt og Israels folk blev taget til fange i Babylon, troede de, at det skyldtes, at de ikke havde tjent Gud helhjertet. De mente, at de burde tjene Gud mere omhyggeligt og anvende loven på omstændigheder, der ville skifte med tiden, og de lavede mange strenge regler.

Disse regler blev etableret med henblik på at tjene Gud helhjertet. Med andre ord opstillede de mange strenge regler, som detaljeret omhandlede ethvert aspekt af livet, sådan at de kunne overholde loven i dagligdagen.

Til tider fungerede de strenge regler som en metode til at beskytte loven. Men som tiden gik, mistede de den sande betydning indlejret i loven, og de lagde større vægt på det ydre udtryk for overholdelse af loven. På denne måde kom de gradvist på afveje i forhold til lovens sande mening.

Gud ser og accepterer hjertet af enhver, som overholder loven, frem for at lægge vægt på det ydre udtryk af at overholde loven med gerninger. Han har således formet loven for at søge efter de mennesker, som virkelig ærer ham, for at give sine velsignelser til dem, som adlyder ham. Selv om mange mennesker på gammeltestamentlig tid syntes at overholde loven, så var der samtidig mange, som brød den.

> *"Gid en af jer ville lukke døren, så I ikke tændte min alterild forgæves. Jeg bryder mig ikke om jer, siger Hærskarernes Herre, og jeres offergaver tager jeg ikke imod"* (Malakias' Bog 1:10).

Da de skriftkloge og de ældre bagvaskede Jesus og fordømte hans disciple, var det ikke fordi Jesus og hans disciple brød loven, men fordi de brød de ældres tradition. Dette beskrives udførligt i Matthæusevangeliet:

> *"Hvorfor overtræder dine disciple de gamles overlevering? De vasker ikke deres hænder, før de spiser"* (Matthæusevangeliet 15:2).

Jesus forklarede dem så, at det ikke var Guds bud, der blev overtrådt, men i stedet de ældres tradition, der blev brudt. Det er naturligvis vigtigt at overholde loven i ydre handlinger, men det er langt vigtigere at indse Guds sande vilje, som er indlejret i loven.

Så Jesus svarede dem og sagde:

> *"Hvorfor overtræder I selv Guds bud for jeres overleverings skyld? For Gud har sagt: 'Ær din far og din mor!' og 'Den, der forbander sin far eller sin*

mor, skal lide døden' Men I siger: Hvis nogen siger til sin far eller sin mor; Det, du skulle have haft som hjælp af mig, skal være tempelgave! Så behøver han ikke at ære sin far. I har sat Guds ord ud af kraft af hensyn til jeres overlevering" (Matthæusevangeliet 15:3-6).

I de følgende vers siger Jesus også:

"Hyklere! Esajas profeterede rigtigt om jer, da han sagde: Dette folk ærer mig med læberne, men deres hjerte er langt borte fra mig, forgæves dyrker de mig, for det, de lærer, er menneskebud" (Matthæusevangeliet 15:7-9).

Så kaldte Jesus skarerne til sig og sagde:

"Hør og forstå: Ikke det, som kommer ind i mundet, gør et menneske urent, men det, som kummer ud af munden, det gør et menneske urent" (Matthæusevangeliet 15:10-11).

Guds børn burde ære deres forældre, som der er skrevet i de Ti Bud, men farisæerne lærte folk, at børn, som skal tjene og ære deres forældre med deres besiddelser, kan blive fritaget fra denne pligt, hvis de siger, at deres besiddelser skal ofres til Gud. De lavede så mange detaljerede regler, at ikke-jøderne slet ikke vovede at forsøge at overholde de ældres tradition, og de mente selv, at de gjorde det rigtig godt som Guds udvalgte folk.

Den Gud, som Israel tror på

Da Jesus helbredte de syge på sabbatdagen, fordømte farisæerne ham for at bryde sabbatten. En dag kom Jesus ind i synagogen og så en mand, hvis hånd var visnet, stå foran farisæerne. Jesus forsøgte at vække dem og udspørge dem på følgende måde:

> *"Er det tilladt at gøre noget godt eller at gøre noget ondt på en sabbat, at frelse liv eller at slå ihjel?"* (Markusevangeliet 3:4).

> *"Hvem af jer, der har et får, ville ikke gribe fat i det og trække det op, hvis det faldt i grøften på en sabbat? Et menneske er dog meget mere værd end et får. Derfor er det tilladt at gøre noget godt på en sabbat"* (Matthæusevangeliet 12:11-12).

Da farisæerne indtil da var blevet fyldt med lovskemaer, som var blevet dannet indenfor de ældres tradition og en selvcentreret tænkning og livsstil, gik de glip af Guds sande vilje, som var indlejret i loven, og det lykkedes dem heller ikke at genkende Jesus, der kom til jorden som Frelseren.

Jesus påpegede ofte dette og tilskyndede dem til at angre og at vende sig bort fra deres forkerte handlinger. Han bebrejdede dem, at de overså det sande formål med den lov, som Gud havde givet dem, og at de ændrede loven og kun fokuserede på at overholde loven med ydre handlinger.

"Ve jer, skriftkloge og farisæere, I hyklere! I giver tiende af mynte, dild og kommen, men I forsømmer det i loven, der vejer tungere, ret og barmhjertighed og troskab. Det ene skal gøres, og det andet ikke forsømmes" (Matthæusevangeliet 23:23).

"Ve jer, skriftkloge og farisæere, I hyklere! I renser bæger og gryde udenpå, men indeni er de fulde af rovlyst og griskhed" (Matthæusevangeliet 23:25).

Israelitterne, som var under det romerske imperiums kontrol, havde forestillet sig at Messias ville komme til dem med stor magt og ære, og at han ville være i stand til at gøre dem fri af besættelsesmagtens herredømme og lade dem herske over alle nationer.

Imens blev der født en mand, der var søn af en tømrer; han blandede sig med de udstødte, de syge, og synderne; han kaldte Gud for "Fader", og han sagde, at han var verdens lys. Da han irettesatte de mennesker, som havde overholdt loven ifølge deres egen standart, og som anså sig selv for retfærdige, blev deres hjerter stødt og såret af hans ord, og de korsfæstede ham uden grund.

Gud ønsker, at vi skal havde kærlighed og tilgivelse

Farisæerne havde strengt overholdt jødedommens regler og anså mangeårige vaner og traditioner som værdier i deres liv. De behandlede toldere, der arbejdede for det romerske imperium, som syndere og undgik dem.

Fra Matthæusevangeliet 9:10 står der, at Jesus sad til bords i huset hos en tolder ved navn Matthæus, og at der var mange toldere og syndere, som spiste sammen med Jesus og hans disciple. Da farisæerne så dette, sagde de til hans disciple: "Hvorfor spiser jeres mester sammen med toldere og syndere?" Men da Jesus hørte, at de fordømte hans disciple, forklarede han dem om Guds hjerte. Gud giver sin ufejlbarlige kærlighed og nåde til enhver, som angrer sine synder af hjertet og vender sig bort fra dem.

Matthæusevangeliet 9:12-13 fortsætter: *"Men da Jesus hørte det, sagde han: 'De raske har ikke brug for læge, det har de syge. Gå hen og lær, hvad det vil sige: 'Barmhjertighed ønsker jeg, ikke slagtoffer.' Jeg er ikke kommet for at kalde retfærdige, men syndere.'"*

Da ondskaben fra folk i Nineve nåede himlen, var Gud lige

ved at ødelægge byen. Men før han gjorde dette, sendte han sin profet Jonas for at lade beboerne angre deres synder. Folk fastede og angrede deres synder grundigt, og Gud ændrede sin beslutning om at ødelægge dem. Farisæerne troede fejlagtigt, at for de mennesker, som bryder loven, er der ikke andre muligheder end at blive dømt. Men den væsentligste del af loven er ufejlbarlig kærlighed og tilgivelse. Farisæerne mente dog, at det var mere rigtigt og værdifuldt at dømme en person end at tilgive ham med kærlighed.

Når vi ikke forstår Gud hjerte, hvormed han har givet os loven, så er vi tvunget til at dømme alt med vores egen tænkning og teorier, og disse bedømmelser vil ofte være forkerte og gå imod Gud.

Guds sande formål med at give loven

Gud skabte himlen og jorden og alt i dem, og lavede mennesket med det formål at få sande børn, som ville efterligne hans hjerte. Med dette formål har Gud sagt til sit folk: *"I skal hellige jer og være hellige, for jeg er hellig"* (Tredje Mosebog 11:44). Han befaler, at vi skal frygte ham, og ikke kun være gudelige af udseende, men også blive pletfri i det indre ved at skille os af med det onde i vores hjerter.

På Jesus tid var farisæerne og skriverne langt mere interesserede i ofringer og i lovfulde handlinger end i at helliggøre deres hjerter. Gud glæder sig mere over et sønderknust og angerfuldt hjerte end over et offer (Salmernes Bog 51:18-19), så han har givet os loven for at lade os angre vores synder og vende os bort fra dem.

Guds sande vilje er indlejret i loven i det Gamle Testamente

Det er ikke nødvendigvis sådan, at israelitternes handlinger til overholdelse af loven ikke også inkluderede kærlighed til Gud. Men det, som Gud ville, at de skulle gøre, var at hellige deres hjerter, og han irettesatte dem alvorligt gennem profeten Esajas.

"Hvad skal jeg med jeres mange slagtofre? Siger Herren. Jeg er mæt af brændofre af væddere og fedtet fra fedekvæg; blod af tyre, lam og bukke vil jeg ikke have. Når I kommer for at se mit ansigt, hvem kræver så af jer, at mine forgårde bliver trampet ned? Bring ikke flere tomme afgrødeofre, røgelsesoffer væmmes jeg ved. Nymånedag og sabbat, festforsamling – jeg kan ikke udholde festdag og ondskab" (Esajas' Bog 1:11-13).

Den sande betydning af at overholde loven består ikke i ydre handlinger, men i det indre; hjertets villighed. Så Gud glædede sig ikke over de mange ofre, der blev foretaget som en vanemæssig og overfladisk handling i templet. Uanset hvor mange ofre, der blev foretaget i overensstemmelse med loven, så glædede Gud sig ikke over dem, for israelitternes hjerte fulgte ikke Guds vilje.

Det samme gælder for vore bønner. Det vigtige ved bønnen er ikke selve handlingen at bede, men vore hjerters indstilling, mens vi beder. Som der står i Salmernes Bog 66:18: *"Havde jeg haft ondt i sinde, ville Herren ikke have hørt mig."*

Gennem Jesus lod Gud folket vide, at han ikke glæder sig over bønner, der er hykleriske eller stilles til skue, men kun over oprigtige bønner af hjertets grund.

"Og når I beder, må I ikke være som hyklerne, der ynder at stå og bede i synagoger og på gadehjørner for at vise sig for mennesker. Sandelig siger jeg jer: De har fået deres løn. Men når du vil bede, så gå ind

i dit kammer og luk din dør og bed til din fader, som er i det skjulte. Og din fader, som ser i det skjulte, skal lønne dig" (Matthæusevangeliet 6:5-6).

Det samme sker, når vi angrer vores synder. Gud ønsker ikke, at vi skal rive vores tøj itu og klage med aske, men at vi skal sønderrive vores hjerter og angre vores synder af hjertets grund. Selve den angrende handling er ikke væsentlig, og når vi angre vores synder af hjertets grund og vender os bort fra dem, så vil Gud tage imod vores anger.

"Men selv nu siger Herren: Vend om til mig af hele jeres hjerte med faste, gråd og klage! Sønderriv jeres hjerte og ikke jeres klæder, vend om til Herren jeres Gud! For han er nådig og barmhjertig, sen til vrede og rig på troskab; han kan fortryde ulykken" (Joels Bog 2:12-13).

Med andre ord ønsker Gud at tage imod hjertet af de mennesker, som udføre loven, frem for lovlydige handlinger. Dette beskrives som "omskæring af hjertet" i Bibelen. Vi kan omskære vores kroppe ved at skære forhuden af, og vi kan omskære hjerte ved at skille os af med alt ondt.

Den omskæring af hjertet, som Gud ønsker

Hvad betyder det i detaljer at omskære hjertet? Det henviser til at skille sig af med alle former for ondskab og synder inklusiv misundelse, jalousi, temperament, nag, utroskab, falskhed, bedrag og fordømmelse, som findes i hjertet. Når man skiller sig af med de synder og den ondskab, som er i hjertet, og overholder loven, accepterer Gud dette som fuldstændig lydighed.

"Omskær jer for Herren, fjern jeres hjertes forhud, for at min harme ikke skal slå ud som ild og brænde, så ingen kan slukke den, på grund af jeres onde gerninger" (Jeremias' Bog 4:4).

"Omskær derfor jeres hjertes forhud, og gør ikke længere nakken stiv" (Femte Mosebog 10:16).

"Egypten, Juda, Edom, ammonitterne, Moab og alle dem med klippede tindinger, som bor i ørkenen. Alle folkene er uomskårne, men alle israelitterne er uomskårne på hjertet" (Jeremias' Bog 9:24-25).

"Herren din Gud vil omskære dig og dine efterkommeres hjerte, så du elsker Herren din Gud af hele dit hjerte og af hele din sjæl, for at du må leve" (Femte Mosebog 30:6).

Det Gamle Testamente opfordrer os ofte til at omskære vore hjerter, for kun de, som er omskåret i hjertet, kan elske Gud af hele hjertet og af hele sjælen.

Gud ønsker, at hans børn skal være hellige og fuldkomne. I Første Mosebog 17:1 siger Gud til Abraham, at han skal være "udadlelig", og i Tredje Mosebog 19:2 befaler han Israels folk at være "hellige."

I Johannesevangeliet 10:35 står der: *"Når loven kalder dem guder, som Guds ord er kommet til – og Skriften kan ikke rokkes"* og i Andet Petersbrev 1:4 står der: *"Og dermed har han skænket os sine store, dyrebare løfter, så I ved dem kan slippe fri af forkrænkeligheden i denne verden med dens begær og få del i den guddommelige natur."*

På gammeltestamentlig tid blev folk frelst gennem lovlydige handlinger, mens i vi nytestamentlig tid kan frelses gennem troen på Jesus Kristus, som opfyldte loven med kærlighed.

På gammeltestamentlig tid var det muligt for folk at blive frelst, selv om de havde syndefulde lyster til at myrde, hade, begå utroskab og lyve, så længe de ikke udførte lysterne i handlinger. På gammeltestamentlig tid var Helligånden ikke i folk, og de kunne ikke skille sig af med de syndefulde lyster af egen kraft. Så når bare de ikke begik synder i de ydre handlinger, blev de ikke betragtet som syndere.

Men i nytestamentlig tid kan vi kun nå frelsen, når vi omskærer vores hjerter ved troen. Helligånden lader os kende til synd, retfærdighed og dom, og hjælper os med at leve ved Guds ord, så vi kan skille os af med usandhed og omskære vores hjerter.

Frelse gennem troen på Jesus Kristus komme ikke bare ved at kende Jesus Kristus og tro, at han er vores Frelser. Det er først, når vi skiller os af med det onde i vores hjerte, fordi vi elsker Gud og går i sandheden ved troen, at Gud vil bedømme vores tro som sand, og lede os til fuldkommen frelse, og til forbløffende svar og velsignelser.

Hvordan man behager Gud

Det er naturligt, at et barn af Gud ikke bør begå syndefulde handlinger. Det er også normalt, at han skal skille sig af med usande og syndefulde lyster i hjertet, og efterligne Guds hellighed. Hvis man undlader at begå syndefulde handlinger, men alligevel rummer syndefulde lyster, som Gud ikke ønsker, kan man dog ikke blive dømt retfærdig af ham.

Det er derfor, der står i Matthæusevangeliet 5:27-28: *"I har hørt, at der er sagt: "Du må ikke bryde et ægteskab." Men jeg siger jer: Enhver, som kaster et lystent blik på en andens hustru, har allerede begået ægteskabsbrud med hende i sit hjerte."*

Og der står i Første Johannesbrev 3:15: *"Enhver, som hader sin broder, er en morder, og I ved, at ingen morder har evigt liv i sig."* Dette vers tilskynder os til at skille os af med hadet i vore hjerter.

Hvordan skal man opføre sig overfor fjender, som hader en, i overensstemmelse med Guds behagelige vilje?

Loven fra gammeltestamentlig tid fortæller os: *"Øje for øje, tand for tand."* Med andre ord siger loven: *"Den legemsskade, man påfører en anden, skal man selv påføres"* (Tredje Mosebog 24:20). Disse strenge retsregler skulle afholde folk fra at forårsage skade på andre. Gud ved, at mennesket i sin ondskab altid forsøger at gøre gengæld i større grad, end han selv er blevet påført skade.

Kong David blev omtalt som en person efter Guds hjerte. Da kong Saul forsøgte at dræbe David, gengældte denne ikke på nogen måde kong Sauls ondskab, men behandlede ham med godhed lige til enden. David så den sande mening, som var indlejret i loven, og levede udelukkende efter Guds ord.

> *"Du må ikke hævne dig på dine landsmænd eller bære nag til dem; du skal elske din næste som dig selv. Jeg er Herren!"* (Tredje Mosebog 19:18).

> *"Glæd dig ikke over din fjendes fald, dit hjerte skal ikke juble, når han snubler"* (Ordsprogenes Bog 24:17).

> *"Hvis din fjende er sulten, så giv ham noget at spise, hvis han er tørstig, så giv ham noget at drikke"* (Ordsprogenes Bog 25:21).

> *"I har hørt, at der er sagt: 'Du skal elske din næste og hade din fjende' Men jeg siger jer: Elsk*

jeres fjender og bed for dem, der forfølger jer"
(Matthæusevangeliet 5:43-44).

Ifølge de ovenstående vers vil Gud ikke være tilfreds, hvis man kun overholder loven med handlinger, men undlader at tilgive en person, som har gjort skade. Gud har budt os, at vi skal elske vores fjender. Når man overholder loven, og tillige har det hjerte, som Gud ønsker, at man skal have, vil man blive anser som fuldstændig lydig overfor hans ord.

Loven, et tegn på Guds kærlighed

Kærlighedens Gud ønsker at give os uendelig mange velsignelser, men da han er retfærdighedens Gud, har han ikke andre muligheder end at overlade os til djævlen i den udstrækning, vi begår synder. Derfor er der nogle af de troende, som lider af sygdomme og kommer ud for ulykker og katastrofer, når de ikke lever efter Guds ord.

Gud har givet os mange af sine bud i sin kærlighed for at beskytte os fra prøvelser og smerter. Hvor mange instruktioner giver forældre ikke deres børn for at beskytte dem mod sygdomme og ulykker?

"Vask hænderne, når du kommer hjem"
"Børst tænder efter at du har spist"
"Se dig for, når du går over gaden."

På samme måde har Gud i sin kærlighed fortalt os, at vi skal overholde hans bud for vores eget bedste (Femte Mosebog 10:13). Det at overholde og udføre Guds ord, er som en lampe, der lyser for os på livets vej. Uanset hvor mørkt det er, kan vi gå sikkert på vejen mod vores destination, når vi har en lampe, og på samme måde vil vi være beskyttede og kunne nyde privilegier og velsignelser som Guds børn, når Gud, som er lys, er med os.

Hvor er Gud tilfreds, når han med sit flammende blik beskytter sine børn, som adlyder hans ord, og giver dem hvad som helst, de beder om! Og følgelig vil de børn, som forandrer deres hjerter og gør dem rene og gode, og som efterligner Gud ved at overholde og adlyde hans ord, føle Guds dybe kærlighed og elske ham endnu mere.

Den lov, som Guds har givet os, er ligesom en tekstbog i kærlighed, der repræsenterer retningslinjerne til de bedste velsignelser for os, som er under Guds kultivering på denne jord. Guds lov bringer os ingen byrder, men beskytter os fra alle former for katastrofer i denne verden, hvor den fjendtlige djævel og Satan regerer, og den guider os på velsignelsernes vej.

Jesus opfyldte loven med kærlighed

I Femte Mosebog 19:19-21 ser vi, at når folk på gammeltestamentlig tid begik synder med deres øjne, fik de øjnene stukket ud. Når de syndede med deres hænder eller fødder, blev deres hænder eller fødder hugget af. Når de myrdede eller begik utroskab, blev de stenet til døde.

Loven i det spirituelle rige fortæller os, at syndens løn er død. Derfor straffede Gud alvorligt de mennesker, som begik utilgivelige synder, og han ønskede dermed at advare mange andre om ikke at begå de samme synder.

Men kærlighedens Gud var ikke fuldt ud tilfreds med den tro, hvormed folk holdt sig til loven, og sagde: "Øje for øje, tand for tand." I stedet understregede han igen og igen i det gamle testamente, at de burde omskære deres hjerter. Han ønskede ikke, at hans folk skulle påføre smerter på grund af loven, så da tiden kom, sendte han Jesus til jorden og lod ham tage alle menneskehedens synder og opfylde loven med kærlighed.

Uden Jesu korsfæstelse ville vi få vores hænder og fødder hugget af, hvis vi begik synder med hænder eller fødder. Men Jesus tog korset og udgød sit dyrebare blod ved at få hænder og fødder gennemboret, for at vaske alle de synder bort, som vi havde begået med hænder eller fødder. Nu behøver vi ikke længere at få hænder og fødder hugget af, hvilket skyldes Guds store kærlighed.

Jesus, som er én med kærlighedens Gud, kom ned til denne jord og opfyldte loven med kærlighed. Han levede et eksemplarisk liv og overholdt alle Guds love.

Selv om han fuldstændig overholdt loven, fordømte han dog ikke de mennesker, som ikke var i stand til det. Han sagde ikke: "Du har brudt loven og er på vej mod døden." I stedet lærte han dag og nat folk om sandheden, sådan at bare én sjæl mere ville angre sine synder og nå frelsen, og han arbejdede uophørligt og helbredte de mennesker, som var lænket af sygdomme, lidelser eller dæmonbesættelser.

Jesu kærlighed blev uforligneligt karakteriseret da en kvinde, som var blevet grebet i utroskab, blev bragt til Jesus af de skriftkloge og farisæerne. I det 8. kapitel af Johannesevangeliet, ser vi at de skriftkloge og farisæerne tager kvinden hen til Jesus og spørger ham: *"I loven har Moses påbudt os at stene den slags kvinder; hvad siger du?"* (vers 5) Så svarede Jesus dem og sagde: *"Den af jer, der er uden synd, skal kaste den første sten på hende"* (vers 7).

Ved at svare på denne måde forsøgte Jesu at vække dem og få dem til at se, at ikke kun kvinden, men også dem selv, som beskyldte hende for utroskab og forsøgte at finde grundlag for at anklage Jesus, var syndere i Guds øjne, og at man derfor ikke bør fordømme hinanden. Da folkene hørte dette, blev de dømt af deres egen samvittighed, og de forlod stedet en efter en, de ældste først. Og til sidst blev Jesus alene tilbage med kvinden, som stod foran ham.

Jesus så på hende og sagde: *"Kvinde, hvor blev de af? Var der ingen, der fordømte dig?"* (vers 10) Og hun sagde: "Nej, Herre, ingen." Da sagde Jesus til hende: *"Heller ikke jeg fordømmer dig. Gå, og synd fra nu af ikke mere"* (vers 11).

Da kvinden blev bragt dertil og hendes utilgivelige synd blev afsløret, blev hun grebet af stor frygt. Så man kan forestille sig, at da Jesus tilgav hende, er hun blevet dybt berørt og har grædt mange tårer i taknemmelighed! Og hun har ikke vovet at bryde loven eller at synde igen, for hun har husket på Jesu kærlighed og tilgivelse. Dette blev muligt for hende, fordi hun mødte Jesus, som opfyldte loven med kærlighed.

Og Jesus opfyldte ikke kun loven med kærlighed for denne kvinde, men også for alle andre mennesker. Han ofrede sit liv på korset for os syndere med samme hjerte som forældre, der uden at tænke på eget ve og vel forsøger at redde deres druknende børn.

Jesus var skyldfri og uplettet, og den enbårne søn af Gud, men han bar alle ubeskrivelige smerter, udgød al sit blod og vand, og ofrede sit liv på korset for os syndere. Hans korsfæstelse var fuldendelsen af den største kærlighed, og er det mest rørende øjeblik i hele menneskehedens historie.

Når kraften fra denne kærlighed kommer over os, får vi styrke til fuldt ud at overholde loven, og vi bliver desuden i stand til at gøre det med kærlighed, ligesom Jesus.

Hvis Jesus ikke havde opfyldt loven med kærlighed, men i stedet havde fordømt folk ud fra loven, og vendt sig bort fra synderne, hvor mange mennesker i denne verden ville så være blevet frelst? Som der står i Bibelen: *"Der er ingen retfærdig, ikke en eneste"* (Romerbrevet 3:10), og ingen kan frelses.

Guds børn, som er blevet tilgivet deres synder ved Guds store kærlighed, bør derfor ikke alene elske ham ved at overholde hans bud med ydmyg hjerter, men også elske deres næste som sig selv, tjene dem og tilgive dem.

De som fordømmer andre ved loven

Jesus opfyldte loven med kærlighed og blev Frelseren for hele menneskeheden, men hvad gjorde farisæerne, de skriftkloge og lovens lærere? De insisterede på at overholde loven i handling i stedet for at hellige deres hjerter, sådan som Gud ville det, og de troede, at de overhold loven til fulde. Desuden tilgav de ikke dem, som ikke overholdt loven, men dømte og fordømte dem.

Men Gud ønsker ikke, at vi skal dømme og fordømme andre uden nåde og kærlighed. Han ønsker heller ikke, at vi skal pine os selv for at overholde loven, uden at opleve Guds kærlighed. Hvis vi overholder loven, men ikke forstår Guds hjerte, og derfor ikke gør det med kærlighed, så gavner det os ikke noget.

> *"Om jeg så har profetisk gave og kender alle hemmeligheder og ejer al kundskab og har al tro, så jeg kan flytte bjerge, men ikke har kærlighed, er jeg intet. Og om jeg så uddeler alt, hvad jeg ejer, og giver mit legeme hen til at brændes, men ikke har kærlighed, gavner det mig intet"* (Første Korintherbrev 13:2-3).

Gud er kærlighed, og han frydes og velsigner os, når vi handler i kærlighed. På Jesu tid overholdt farisæerne loven i handling, men de havde ikke kærlighed i deres hjerter, og det gavnede dem intet. De dømte og fordømte andre med viden om loven, og det fik dem til at fjerne sig fra Gud, og som resultat korsfæste Guds søn.

Når man forstår Guds sande vilje, som er indlejret i loven

Selv på gammeltestamentlig tid var der store trosfædre, som forstod Guds sande vilje i loven. Trosfædrene inklusiv Abraham, Josef, Moses, David og Elias overholdt ikke kun loven, men forsøgte også at gøre deres bedste for at blive sande børn af Gud ved flittigt at omskære deres hjerter.

Men da Jesus blev sendt som Messias for at lade jøderne kende Abrahams Gud, Isaks Gud og Jakobs Gud, genkendte de ham ikke. Det skyldes, at de blev forblindet af de ældres overleveringer og tradition, og af lovlydige handlinger.

Jesus udførte forunderlige undere og mirakuløse tegn, som kun var mulige med Guds kraft, for at vidne om, at han var Guds søn. Men de kunne hverken genkende Jesus eller tage imod ham som Messias.

Men for de jøder, som havde gode hjerter, var det anderledes. Når de lyttede til Jesu budskab, troede de på ham, og når de så de mirakuløse tegn, som Jesus udførte, troede de på, at Gud var med ham. I det tredje kapitel af Johannesevangeliet kommer en farisæer ved navn Nikodemus til Jesus og siger til ham:

> *"Rabbi, vi ved, at du er en lærer, der er kommet fra Gud; for ingen kan gøre de tegn, du gør, uden at Gud er med ham"* (Johannesevangeliet 3:2).

Kærlighedens Gud venter på Israels genkomst

Så hvorfor kunne de fleste af jøderne ikke genkende Jesus, som kom til jorden som Frelseren? De havde dannet lovens skemaer i deres egne tanker i troen på, at de elskede og tjente Gud, og var ikke villige til at acceptere ting, der var i modstrid med deres egne tankeskemaer.

Paulus havde fast troet, at han elskede og tjente Gud ved at overholde loven og de ældres tradition fuldt ud, indtil han mødte Herre Jesus. Derfor tog han ikke imod Jesus som Frelseren, men forfulgte i stedet både ham og de mennesker, der fulgte ham. Da han mødte den genopstandne Herre Jesus på vejen til Damaskus, blev hans tankemønster fuldstændig brudt, og han blev en apostel for Herren, Jesus Kristus. Fra da af ville han ofre selv sit liv for Herren.

Dette ønske om at overholde loven er selve jødernes essens, og en stor styrke hos Guds udvalgte folk Israel. Og så snart de begynder at indse Guds sande vilje, som er indlejret i loven, vil de være i stand til at elske Gud endnu mere end noget andet folk eller nogen anden race, og de vil være trofaste overfor Gud hele deres liv.

Da Gud førte Israels folk ud af Egypten, gav han dem alle

lovene og befalingerne gennem Moses, og fortalte dem, hvad det var han ville, at de skulle gøre. Han lovede dem, at hvis de elskede Gud, omskar deres hjerter og levede i overensstemmelse med hans vilje, så ville han være med dem og give dem forbløffende velsignelser.

"Og du vender om til Herren din Gud og adlyder ham af hele dit hjerte og hele din sjæl, ganske som jeg i dag befaler dig, både du og dine sønner, da vil Herren din Gud vende din skæbne og forbarme sig over dig: og Herren din Gud vil igen samle dig fra alle de folk, som han har spredt dig til. Om så dine fordrevne befinder sig ved himlens yderste grænse, vil Herren din Gud samle dig og hente dig hjem derfra. Herren din Gud vil føre dig ind i det land, som dine fædre fik i eje, og det skal du tage i besiddelse; han vil gøre dig lykkeligere og talrigere end dine fædre. Herren din Gud vil omskære dit og dine efterkommeres hjerte, så du elsker Herren din Gud af hele dig hjerte og af hele din sjæl, for at du må leve. Og Herren din Gud vil lægge alle disse forbandelser på dine fjender og modstandere, som har forfulgt dig. Selv skal du vende om at adlyde Herren og følge alle hans befalinger, som jeg giver dig i dag" (Femte Mosebog 30:2-8).

Som Gud lovede sit udvalgte folk Israel i disse vers, samlede han sit folk, som havde været spredt ud over hele verden, og lod dem tage deres land tilbage efter nogle tusind år, og han satte dem højt over alle andre folk på denne jord. Ikke desto mindre har Israel ikke indset Guds store kærlighed gennem korsfæstelsen og det forbløffende forsyn, som ligger bag skabelsen og kultiveringen af menneskeheden. I stedet udfører de stadig lovlydige handlinger og følger de ældres tradition.

Kærlighedens Gud ønsker inderligt, at de vil forlade deres egen forskruede tro, forandre sig og blive sande børn så hurtigt som muligt. For det første er de nødt til at åbne deres hjerter og tage imod Jesus, som var sendt af Gud som hele menneskehedens Frelser, og de vil dermed få deres synder tilgivet. Derefter må de indse Guds sande vilje, som er blevet dem givet gennem loven, og de må have sand tro til flittigt at overholde Guds ord gennem omskæring af hjertet, sådan at de kan nå den fuldkomne frelse.

Jeg beder oprigtigt for, at Israels folk vil genoprette Guds tabte billede gennem en tro, som behager Gud, og at de må blive hans sande børn, sådan at de kan nyde alle de velsignelser, som Gud har lovet, og hvile i herligheden i den evige himmel.

Kuppelen i "the Rock" [klippen], en islamisk moske, som ligger i den hellige by Jerusalem.

Kapitel 4

Se og lyt!

Mod tidens afslutning i verden

Bibelen forklarer os klart om både begyndelsen til menneskehedens historie og om enden. I nogle tusind år har Gud nu fortalt os historien om den menneskelige kultivering gennem Bibelen. Historien startede med det første menneske på jorden, Adam, og vil ende med Herren genkomst i luften.

Hvilket tidspunkt er vi kommet til, og hvor mange dage og timer er det tilbage før alarmen på Guds ur for menneskehedens historie lyder som tegn på det sidste øjeblik i den menneskelige kultivering? Lad os nu se nærmere på, hvordan kærlighedens Gud har planlagt at føre Israel på vejen til frelse.

Opfyldelse af profetierne i Bibelen i løbet af menneskets historie

Der er mange profetier i Bibelen, og de er alle den almægtige Gud Skabers ord. Som der står i Esajas' Bog 55:11: *"Sådan er mit ord, som udgår fra min mund; det vender ikke virkningsløst tilbage til mig, men det gør min vilje og udfører mit ærinde."* Guds ord er blevet opfyldt indtil nu, og ethvert ord vil blive opfyldt i fremtiden.

Israels historie bekræfter åbenlyst, at profetierne i Bibelen er blevet opfyldt præcist, uden den mindste fejl. Landets historie er blevet nedfældet i overensstemmelse med de profetier, som er optegnet i Bibelen: Israels 400 år lange trældom i Egypten og flugten derfra; israelitternes ankomst til Kana'ans land, der flød med mælk og honning; rigets opdeling i to – Israel og Juda – og disses ødelæggelse; the babylonske fangeskab; Israels hjemkomst; Messias' fødsel; Messias' korsfæstelse; Israels ødelæggelse og spredning ud i alle folk, og Israels genoprettelse som selvstændig nation.

Menneskehedens historie er under Gud den almægtiges kontrol, og når som helst han har gennemført noget vigtigt, har han forudsagt gennem gudelige mennesker, at det ville finde sted (Amos' Bog 3:7). Gud forudsagde for Noa, som var en retfærdig og retskaffen mand i sin tid, at en oversvømmelse ville ødelægge hele jorden. Han fortalte Abraham at byerne Sodoma og Gomorra ville blive ødelagt, og han lod profeten Daniel og apostelen Johannes vide, hvad der ville ske ved tidens afslutning i verden.

De fleste af de profetier, som er blevet nedfældet i Bibelen, er blevet opfyldt fuldstændig, og de profetier, der endnu ikke er gået i opfyldelse, omhandler Herrens genkomst og nogle af de ting, som vil gå forud for genkomsten.

Tegn på tidens afslutning

Uanset hvor alvorligt vi forklarer, at vi nu er ved tidens afslutning, er der mange mennesker, som ikke vil tro det. I stedet for at accepterer det, tænker de, at de mennesker, som taler om tidens afslutning, er underlige, og de forsøger at undgå at lytte til dem. De tror, at solen vil gå sin vandte gang, folk vil blive født og dø, og civilisationen vil fortsætte som altid.

Bibelen anfører følgende angående tidens afslutning: *"Først og fremmest skal I vide, at der i de sidste dage vil komme spottere, som følger deres egne lyster, og som hånligt siger: 'Hvad bliver der af løftet om hans komme? Siden vore fædre døde, er alting jo blevet ved at være, som det var fra skabelsens begyndelse'"* (Andet Petersbrev 3:3-4).

Når som helst et menneske fødes, vil det også dø. På samme måde vil menneskets historie have en afslutning, ligesom den har haft en begyndelse. Når Guds udvalgte tidspunkt kommer, vil alt i denne verden se sin afslutning.

"På den tid fremstår Mikael, den store fyrste, der står ved dit folks side. Det bliver en trængselstid, som der ikke har været magen til, så længe folkeslag har været til. På den tid skal dit folk blive reddet, alle der er indskrevet i bogen. Mange af dem, der sover i jorden, skal vågne, nogle til evigt liv, andre til forhånelse, til evig afsky. De indsigtsfulde skal stråle som himmelhvælvingens stråleglans, og de, der førte mange til retfærdigheden, skal stråle som stjernerne for evigt og altid. Og du, Daniel, skal holde ordene

skjult og forsegle bogen til endetiden. Mange skal flakke om, men kundskaben skal blive stor" (Daniels Bog 12:1-4).

Gennem profeten Daniel forudsagde Gud, hvad der ville ske ved tidens afslutning. Nogle mennesker siger, at de profetier, som blev givet gennem Daniel, allerede er blevet opfyldt tidligere i historien. Men denne profeti vil blive fuldstændig opfyldt i det sidste øjeblik af menneskehedens historie, og den er fuldt ud overensstemmende med de tegn på verdens sidste dage, som er nedskrevet i det Nye Testamente.

Daniels profeti er relateret til Herrens genkomst. I vers 1 står der: *"Det bliver en trængselstid, som der ikke har været magen til, så længe folkeslag har været til. På den tid skal dit folk blive reddet, alle der er indskrevet i bogen."* Dette forklarer os om den syv år lange prøvelse, som vil finde sted ved tidens afslutning, og om eftersankningsfrelsen.

I anden halvdel af vers 4 står der: *"Mange skal flakke om, men kundskaben skal blive stor."* Dette vers omhandler de dagligliv, som folk lever i dag. Konklusionen er, at disse profetier ikke henviser til Israels ødelæggelse, som fandt sted i år 70 efter Kristus, men til tegnene på tidens afslutning.

Jesus fortalte detaljeret sine disciple om tegnene på tidens afslutning. I Matthæusevangeliet 24:6-7, 11-12 siger han: *"I skal høre krigslarm og rygter om krig. [...] Folk skal rejse sig imod folk, og land imod land, og sted efter sted skal der kommer hungersnød og jordskælv. [...] Mange falske profeter skal stå frem og føre mange vild. Og fordi lovløsheden tager overhånd, skal kærligheden blive kold hos de fleste."*

Hvordan ser verdenssituationen ud i dag? Vi hører nyheder om krige og rygter om krige og terrorisme, og stadig mere dag for dag. Folkeslag kæmper mod hinanden, og lande rejser sig mod andre lande. Der er hungersnød og mange jordskælv. Der er adskillige andre naturkatastrofer, og katastrofer som skyldes det usædvanlige vejrlig. Desuden er lovløsheden konstant øgende over hele jorden, synder og ondskab er udbredt, og folks kærlighed bliver kold.

Det samme er skrevet i Andet Timotheusbrev:

"Men du skal vide, at i de sidste dage skal der komme hårde tider. For da vil mennesker blive egenkærlige, pengeglade, pralende, overmodige, fulde af hån, ulydige mod deres forældre, utaknemmelige, spottere, ukærlige, uforsonelige, sladderagtige, umådeholdne, brutale fjender af det gode, forrædere, fremfusende, hovmodige, de vil elske nydelser højere end Gud; i det ydre har de gudsfrygt, med de fornægter dens kraft. Hold dig fra dem" (Andet Timotheusbrev 3:1-5).

I dag holder folk ikke af de gode ting, men elsker i stedet

penge og fornøjelser. De søger egen vinding og begår frygtelige synder og ondskab inklusiv mord og ildspåsættelse uden nogen tøven og uden samvittighed. Disse ting finder alt for ofte sted, og så meget lignende finder sted omkring os, at folks hjerter i stigende grad er blevet følelsesløse, sådan at de fleste ikke længere lader sig overraske af noget. Når vi ser alle disse ting, kan vi ikke nægte, at menneskets historie rent faktisk nærmer sig tidens afslutning.

Selv Israels historie antyder tegnene på Herrens genkomst og tidens afslutning.

I Matthæusevangeliet 24:32-33 står der: *"Lær denne lignelse af figentræet: Når dets grene bliver bløde og får blade, ved I, at sommeren er nær. Sådan skal I også vide, når I ser alt dette, at han står lige for døren."*

Figentræet henviser her til Israel. Et træ ser dødt ud om vinteren, men når foråret kommer, skyder det igen og dets grene gror og får grønne blade. På samme måde har Israel syntes at være forsvundet fuldstændig siden ødelæggelsen, som fandt sted for 2000 år siden i 70 efter Kristus, men på Guds udvalgte tidspunkt erklærede landet sin selvstændighed, og staten Israel blev oprettet den 14. maj 1948.

Mere vigtigt er det, at Israels selvstændighed viser, at Jesu Kristi genkomst er meget nær. Israel burde derfor indse, at den Messias, som de stadig venter på, kom til jorden og blev Frelser for hele menneskeheden for 2000 år siden, og de bør huske på, at Frelseren

Jesus igen vil komme til jorden som dommer før eller siden.

Hvad vil der ske med os, som lever i de sidste dage, ifølge profetierne i Bibelen?

Herrens genkomst i luften og henrykkelsen

For omkring 2000 år siden blev Jesus korsfæstet og genopstod på den tredje dag, hvorved han brød dødens magt. Derefter blev han taget op i himlen, og mange mennesker var til stede og så hans opstigning.

> *"Hvorfor står I og ser op mod himlen, galilæere? Den Jesus, som er blevet taget fra jer op til himlen, skal komme igen på samme måde, som I har set ham fare op til himlen"* (Apostlenes Gerninger 1:11).

Herre Jesus åbnede vejen til frelse for menneskeheden gennem sin korsfæstelse og genopstandelse, og blev så løftet op i himlen og sat ved højre side af Guds trone, hvor han forbereder himmelske boliger for de mennesker, som er blevet frelst. Og når menneskehedens historie slutter, vil han komme igen og tage os med sig. Hans genkomst er beskrevet i Første Thessalonikerbrev 4:16-17:

> *"For Herren selv vil, når befalingen lyder, når ærkeenglen kalder og Guds basun gjalder, stige ned*

fra himlen, og de, der er døde i Kristus, skal opstå først. Så skal vi, der lever og endnu er her, rykkes bort i skyerne sammen med dem for at møde Herren i luften, og så skal vi altid være sammen med Herren."

Hvor vil det være et majestætisk syn, når Herren kommer ned gennem luften i herlighedens skyer ledsaget af utallige engle og den himmelske skare! De, som er blevet frelst, vil få uforgængelige spirituelle kroppe og møde Herren i luften, og derefter vil de fejre den syv år lange bryllupsfest med Herren, vores evige brudgom.

De mennesker, som er blevet frelst, vil blive løftet op i luften for at møde Herren, og dette kaldes "henrykkelsen." Riget i luften henviser til en del af den anden himmel, som Gud har beredt til den syv år lange bryllupsfest.

Gud har opdelt det spirituelle rige i flere forskellige områder, og et af dem er den anden himmel. Den anden himmel er igen opdelt i to områder: Eden, som er en verden af lys, og en verden af mørke. I en del af verden af lys er der et særligt område, som er beredt til den syv år lange bryllupsfest.

De mennesker, som har smykket sig med tro til at opnå frelse i denne verden, som er fuld af synder og ondskab, vil blive løftet op i luften som Herrens brude, og så vil de møde Herren og deltage i bryllupsfesten i 7 år.

"Lad os glæde os og juble og lovprise ham, for

nu skal Lammets bryllup stå, og hans brud har gjort sig rede, for hun har fået givet at klæde sig i lysende rene linnedklæder – for linnedklæderne er de helliges retfærdige gerninger. Og englen sagde til mig: 'Skriv: Salige er de, der er indbudt til Lammets bryllupsfest.' Og den sagde til mig: 'Det er Guds sande ord'" (Johannesåbenbaringen 19:7-9).

De, som bliver taget op i luften, vil blive trøstet ved bryllupsfesten med Herren efter at have overvundet verden med tro, mens de, som ikke bliver løftet op, vil lide ubeskriveligt under prøvelsen ved de onde ånder, som slippes fri på jorden efter Herrens genkomst i luften.

Den syv år lange prøvelse

Mens de mennesker, som er blevet frelst, nyder den syv år lange bryllupsfest i luften og drømmer om den lykkelige, evige himmel, vil en alvorlig prøvelse, som ikke kan sammenlignes med noget andet i menneskehedens historie, finde sted på jorden, og det vil være frygteligt.

Så hvordan vil den syv år lange prøvelse starte? Da vor Herren kommer tilbage gennem luften og mange mennesker vil blive løftet op til ham på én gang, vil de tilbageblevne på jorden gå i panik og blive chokerede over, at deres familie, venner og naboer pludselig er forsvundet, og de vil gå omkring og lede efter dem.

De vil dog hurtigt indse, at den henrykkelse, som de kristne talte om, rent faktisk har fundet sted. De vil føle stor frygt ved tanken om den syv år lange prøvelse, som vil kommer over dem, og følelsen af angst og panik vil overvælde dem. Når piloter, styrmænd af skibe, togførere og chauffører af alle former for køretøjer bliver løftet op i luften, vil der desuden ske en masse trafikuheld, og der vil være mange brænde, bygninger vil falde sammen, og hele verden vil være i en tilstand af kaos.

Da vil der vise sig en person, som vil bringe fred og orden i verden. Han er lederen af den Europæiske Union. Han vil forene politiske, økonomiske og militære kræfter, bringe orden og fred i verden, og stabilisere samfundet. Derfor vil mange menneske glæde sig over denne mands tilstedeværelse i verdenssamfundet. Mange vil byde ham velkommen med entusiasme, loyal støtte og aktiv hjælp.

Han vil være den antikrist, der henvises til i Bibelen, som leder den syv år lange prøvelse, men for mange vil han synes at være "fredens budbringer." Rent faktisk vil antikrist bringe folket fred og orden i de tidlige stadier af den syv år lange prøvelse. Det redskab, han vil bruge for at opnå verdensfreden, er dyrets tegn, 666, hvilket fremgår af Bibelen.

> *"Det får alle, store og små, rige og fattige, frie og trælle til at sætte et mærke på deres højre hånd eller deres pande, så ingen kan købe eller sælge undtagen den, der bærer dette mærke, dyrets navn eller dets*

navns tal. Her kræves visdom! Den, der har forstand, må regne på dyrets tal, for det er et mennesketal. Dets tal er 666" (Johannesåbenbaringen 13:16-18).

Hvad er dyrets tegn?

Dyret henviser til en computer. Den Europæiske Union (EU) vil organisere tingene ved hjælp af computere. Alle mennesker vil af disse computere blive givet en stregkode på højre hånd eller i panden. Stregkoden er dyrets mærke. Alle former for personlig information om individet vil blive forbundet med stregkoden, som personen har på kroppen. Og ved hjælp af dette vil computeren i EU være i stand til at overvåge, inspicere og kontrollere enhver, når som helst og hvor som helst.

Vores nuværende kreditkort og identitetskort vil blive erstattet af dyrets mærke, 666. Så folk vil ikke længere have brug for kontanter eller check. De behøver ikke længere være bange for at miste deres ejendele eller at blive frarøvet deres penge. Denne store fordel vil få dyrets mærke 666 til at sprede sig over hele verden på kort tid, og uden dette mærke vil folk ikke kunne identificeres, og de vil heller ikke kunne købe eller sælge noget.

I begyndelsen af den syv år lange prøvelse vil folk kunne få dyrets tegn, men de vil ikke blive tvunget til det. De vil kun blive anbefalet at gøre det, indtil EU's organisation er fast etableret. Når første halvdel af den syv år lange prøvelse er overstået, og organisationen er stabil, vil EU tvinge folk til at få mærket, og unionen vil ikke tilgive dem, som afviser at tage imod det. Og så vil EU binde folk gennem dyrets tegn og få dem til at gøre, som den vil.

Til sidst vil de fleste af de mennesker, som er tilbage under den syv år lange prøvelse, blive underlagt kontrol af antikrist og dyrets regering. Da denne antikrist kontrolleres af den fjendtlige djævel, vil EU få mennesker til at gå op mod Gud og føre dem på vejen til ondskab, uretfærdighed og ødelæggelse.

Nogle mennesker vil dog ikke overgive sig til antikrists herredømme. Det er de mennesker, som har troet på Jesus Kristus, men som ikke er blevet løftet op i himlen ved Herrens genkomst, fordi de ikke havde sand tro.

Nogle af dem vil have taget imod Herren og levet i Guds nåde, men vil senere have mistet nåden og være vendt tilbage til verden, og andre vil have bekendt deres tro på Kristus og vil være gået i kirke, men samtidig have stræbt efter verdslige fornøjelser, fordi de ikke havde spirituel tro. Endnu andre vil netop lige have taget imod Herren Jesus Kristus, og nogle jøder vil blive vækket af deres spirituelle slummer gennem henrykkelsen.

Når de ser henrykkelsens realitet, vil de indse, at både det Gamle og det Nye Testamente var sande, og de vil klagende kaste sig på jorden. De vil blive grebet af stor frygt, angre at de ikke har levet efter Guds vilje, og forsøge at finde en vej til frelsen.

"Og en tredje engel fulgte efter dem og sagde med

høj røst: "hvis nogen tilbeder dyret og dets billede og sætter dets mærke på sin pande eller hånd, skal han også drikke Guds harmes vin, skænket ufortyndet i hans vredes bæger, og han skal pines i ild og svovl for øjnene af de hellige engle og Lammet. Og røgen fra deres pinsler stiger op i evighedernes evigheder, og de har ingen hvile, hverken dag eller nat, de der tilbeder dyret og dets billede eller tager dets navn som mærke. Her kræves udholdenhed af de hellige, dem som holder fast ved Guds bud og troen på Jesus" (Johannesåbenbaringen 14:9-12).

Hvis nogen modtager dyrets tegn vil de blive tvunget til at adlyde antikrist, som sætter sig op mod Gud. Det er derfor Bibelen understreger, at ingen, som modtager dyrets mærke, kan opnå frelse. Under den store prøvelse vil de, som ved dette, gøre alt for at undgå at modtage dyrets mærke for at vise, at de har tro.

Identiteten af antikrist vil klart blive åbenbaret. Han vil kategorisere de mennesker, som sætter sig op imod hans politik og afslår at modtage tegnet, som urene elementer af samfundet, og han vil foretage en udrensning med den begrundelse, at de bryder den sociale fred. Så vil han tvinge dem til at benægte Jesus Kristus og modtage dyrets tegn. Hvis de modsætter sig, vil de blive udsat for alvorlige forfølgelser og til sidst blive martyrer.

Frelse gennem martyrium ved ikke at få dyrets tegn

Lidelserne, der venter de mennesker, som modsætter sig at få dyrets mærke under den syv år lange prøvelse, vil være utænkeligt store. Det vil være uudholdeligt, så der vil være meget få, som overvinder det og opnår frelse gennem den sidste udvej. Nogle af dem vil sige: "Jeg vil ikke forsage min tro på Herren. Jeg vil stadig tro på ham i mit hjerte. Men lidelserne er så overvældende, at jeg vil benægte Herren med ord. Gud vil forstå mig og frelse mig." Så vil de få dyrets mærke, men de vil aldrig kunne opnå frelse.

For nogle få år siden gav Gud mig under en bøn et syn, hvor nogle af de mennesker, der var blevet tilbage under den lange prøvelse, modsatte sig at få dyrets tegn og blev tortureret. Det var et frygteligt syn! Torturbødlerne trak folks hud af, knuste alle kroppens led, skar fingre, tæer, arme og ben af, og hældte kogende olie på kroppene.

Under Anden Verdenskrig skete der frygtelige nedslagtninger, og der blev udført medicinske eksperimenter på levende mennesker. Disse lidelser er dog uden sammenligning med den syv år lange prøvelse. Efter henrykkelsen vil antikrist, som er én med den fjendtlige djævel, regere over verden, og han vil ikke vise nåde eller medlidenhed overfor nogen.

Den fjendtlige djævel og styrkerne bag antikrist vil overtale folk til at fornægte Jesus på enhver måde for at drive dem i helvede. De vil torturere de troende, men ikke slå den ihjel med det samme, og de vil have behændige og ondskabsfulde torturmetoder. Alle former for torturmetoder og moderne redskaber vil blive brugt for at påføre de troende panik og smerte. Og lidelserne vil være vedvarende.

De mennesker, der bliver tortureret, vil ønske at komme til at dø, men de kan ikke vælge døden, for antikrist vil ikke slå dem ihjel og de ved, at selvmord ikke vil bringe dem frelse.

I synet viste Gud mig, at de fleste mennesker ikke kunne udholde torturens smerte, og at de underlagde sig antikrist. En del af dem syntes at holde ud og at overvinde torturen med en stærk vilje, men når de så deres elskede børn eller forældre blive tortureret på samme måde, opgav de deres modstand, overgav sig til antikrist og fik dyrets mærke.

Bland de mennesker, der vil blive tortureret, vil der være nogle, som har retskafne og sandfærdige hjerter, og som vil overvinde antikrists frygtelige tortur og snedige fristelser, og de vil dø martyrdøden. Så de mennesker, som holder fast ved deres tro gennem martyriet under den lange prøvelse, kan deltage i frelsens parade.

Vejen til frelse fra den kommende prøvelse

Da Anden Verdenskrig brød ud, forventede jøderne, som havde levet fredeligt i Tyskland, på ingen måde den frygtelige nedslagtning af 6 millioner mennesker, som ventede dem.

Ingen vidste eller forudså, at Tyskland, som havde givet dem en fredelig og relativt stabil tilværelse, pludselig kunne forandre sig til en ond magt på så kort tid.

Da jøderne ikke vidste, hvad der ville ske, var de hjælpeløse, og der var ikke noget, de kunne gøre for at undgå den store lidelse. Men Gud ønsker, at hans udvalgte folk skal være i stand til at undgå den katastrofe, der venter i den nærmeste fremtid. Derfor har Gud beskrevet verdens ende i detaljer i Bibelen, og har ladet gudelige mennesker advare Israel om den kommende prøvelse for at vække folket.

Det vigtigste for Israel at vide er, at prøvelsens katastrofe ikke kan undgås, og at Israel vil blive fanget i centrum af prøvelsen frem for at slippe væk fra den. Jeg vil gerne have læseren til at indse, at denne prøvelse vil finde sted meget snart, og at den vil komme over os som en tyv, hvis vi ikke bereder os. Man er nødt til at vågne fra den spirituelle slummer, hvis man vil undslippe den frygtelige katastrofe.

Netop nu er det tid til, at Israel skal vågne op! Israelitterne må angre, at de ikke anerkendte Messias de må tage imod Jesus Kristus som hele menneskehedens Frelser, og opnå den sande tro, som Gud ønsker, at de skal have, sådan at de vil blive taget glædeligt op i luften ved Herrens genkomst.

Jeg tilskynder alle til at huske, at antikrist vil synes at være fredens budbringer, ligesom Tyskland var det i tiden før Anden Verdenskrig. Han vil skabe fred og velbehag, men lige pludselig og uventet vil antikrist blive en stor magt, en magt som hele tiden får større styrke, og han vil skabe lidelser og katastrofer, som ligger ud over vores forestillingsevne.

De ti tæer

I Bibelen er der mange profetiske passager om, hvad der vil ske i fremtiden. Hvis vi ser på de profetier, som er nedfældet i bøgerne af de store profeter i det Gamle Testamente, vil de ikke alene fortælle os om Israels fremtid, men også om fremtiden for hele verden. Hvad mon er årsagen til dette? Guds udvalgte folk i Israel har været, er og vil være centrum i menneskehedens historie.

Den store billedstøtte i en profeti af Daniel

Daniels Bog profetere ikke kun om Israels fremtid, men også om, hvad der vil ske med verden i de sidste dage i forbindelse med Israels ende. I Daniels Bog 2:31-33, fortolker Daniel en drøm af kong Nebukadnesar ved Guds inspiration, og tolkningen profeterede, hvad der ville ske i tiden omkring verdens afslutning.

> *"Du så en mægtig billedstøtte, konge; den var stor, og dens pragt var overvældende, som den stod foran dig; den var frygtindgydende at se på. Billedstøttens hoved var af fint guld, dens bryst og arme var af sølv,*

dens mave og hofter af kobber, dens ben af jern, og dens fødder dels af jern, dels af ler" (Daniels Bog 2:31-33).

Hvad profeterer disse vers om verdenssituationen i de sidste dage?

Den billedstøtte, som kong Nebukadnesar så i sin drøm, er ingen anden end den Europæiske Union. I dag bliver verden kontrolleret af to stormagter – de Forenede Stater i Amerika og den Europæiske Union. Naturligvis kan indflydelsen fra Rusland og Kina ikke ignoreres. Men de Forenede Stater i Amerika og den Europæiske Union vil stadig være de mest indflydelsesrige magter i verden både i den økonomiske sfære og med hensyn til militær styrke.

Lige nu synes EU at være en smule svag, men den vil til stadighed udvide sig. I dag er der ingen tvivl om dette. Indtil nu har USA været den dominerende nation i verden, men lidt efter lidt vil EU bliver mere indflydelsesrig over hele verden end USA

For bare nogle få årtier siden, var der ingen, der kunne forestille sig, at landede i Europa ville være i stand til at forene sig under samme regeringssystem. Der havde naturligvis være tale om en Europæisk Union gennem land tid, men ingen kunne være sikker på, at de ville sætte sig ud over grænserne for national identitet, sprog, valuta og meget andet for at danne en enhed.

Sidst i 1980'erne begyndte lederne af de europæiske lande dog for alvor at tale om sagen af rent økonomiske årsager. Under den kolde krig var den militære styrke den væsentligste magt til at opretholde dominans i verden, men siden den kolde krig sluttede, er magtmidlet i høj grad skiftet fra militær magt til økonomisk styrke.

Landene i Europa har forsøgt af forene sig for at forberede sig på denne ændring, og som resultat er de blevet en økonomisk union. Det, som nu mangler at blive foretaget, er den politiske forening, som skal bringe landene sammen i et regeringssystem, og den nuværende situation ansporer dette.

Den billedstøtte, der var "stor", "overvældende" og "frygtindgydende af se på", som Daniel taler om i kapitel 2, vers 31, er en profeti om den Europæiske Unions vækst og aktivitet. Den fortæller os, hvor stærk og magtfuld den Europæiske Union vil blive.

EU vil få stor magt

Hvordan vil EU være i stand til at få stor magt? Daniels Bog 2:32 og frem giver os svaret med sin forklaring på, hvad billedstøttens hoved, bryst, arme, mave, hofter, ben og fødder er lavet af.

Først står der i vers 32: *"Billedstøttens hoved var af fint guld."* Denne profeti fortæller, at EU vil have økonomisk fremgang og få økonomisk magt gennem en akkumulation af velstand. Som der her profeteres, vil EU have gavn af unionsdannelsen og gøre store vindinger gennem den økonomiske enhed.

Derefter står der i samme vers: "dens bryst og arme var af sølv." Dette symboliserer, at EU vil forene sig socialt, kulturelt og politisk. Når der vælges en præsident til at repræsentere hele EU, vil unionen gennemføre sin politiske enhed udadtil, og blive fuldt ud forenet i sociale og kulturelle aspekter. Er enheden ikke total, vil hvert medlem søge sin egen økonomiske vinding.

Dernæst står der: "dens mave og hofter [var] af kobber." Dette symboliserer at EU vil opnå militær enhed. Alle lande i EU ønsker at opnå økonomisk styrke. Den militære enhed vil grundlæggende set blive oprettet af økonomiske årsager, som er det endelige mål. For at tage magten til at kontrollere verden gennem økonomisk styrke, vil der ikke være andet valg end at blive forenet i den sociale, kulturelle, politiske og militære sfære.

Til sidst står der: "dens ben [var] af jern." Dette henviser til et andet fast grundlag, som styrker og støtter EU: Den religiøse enhed. I de tidlige stadier vil EU erklære katolicismen som statsreligion. Katolicismen vil vinde styrke og blive en mekanisme, som styrker og opretholder EU.

Den spirituelle betydning af ti tæer

Når det lykkes for EU af forene mange lande i deres økonomiske, politiske, kulturelle, militære og religiøse indflydelsessfære, vil den først stille sin enhed og sin magt til skue, men lidt efter lidt vil der begynde at komme tegn på uoverensstemmelser og opløsning.

I EU's tidlige stadier vil landene blive forenet, fordi de giver hinanden koncessioner til gensidig økonomisk gavn. Men som tiden går, vil der være sociale, kulturelle, politiske og ideologiske forskelle og uoverensstemmelser mellem dem. Og så vil der kommer forskellige tegn på opdelinger. Endelig vil religiøse konflikter komme for dagens lys – konflikter mellem katolicisme og protestantisme.

I Daniels Bog 2:33 står der: "dens fødder dels af jern, dels af ler." Det betyder at nogle af de ti tæer var lavet af jern, andre af ler. De ti tæer henviser til de ti lande i EU. Der er tale om fem repræsentative lande, som tror på katolicismen og fem andre repræsentative lande, som tror på protestantismen.
  Ligesom jern og ler ikke kan blandes og kombineres, så kan lande, hvor katolicismen er dominerende og lande, hvor protestantismen er dominerende, heller ikke fuldt ud forenes. Det vil sige, at de lande, som er dominerende, og de lande, som domineres, kan ikke blandes.
  Når tegnene på uoverensstemmelser i EU øges, vil der blive

større behov for at forene landene under samme religion, og katolicismen vil få større magt mange steder.

Så den Europæiske Union vil blive dannet i de sidste dage af økonomiske årsager, og den vil få en enorm magt. Senere vil EU ensrette sin religion under katolicismen. EU's enhed bliver større og til sidst vil EU optræde som idol.

Idoler er objekter, som bliver tilbedt og ophøjet af folk. På denne måde vil EU styre verdens bevægelser med stor magt, og regere over verden som et magtfuldt idol.

Tredje Verdenskrig og den Europæiske Union

Som nævnt ovenfor vil utallige troende blive løftet op i luften samtidig, og der vil være et overvældende kaos på jorden, når Herren kommer igen i luften. Imens vil EU tage magten og dominere hele verden med det påskud at opretholde fred og orden på kort sigt. Men senere vil EU sætte sig op imod Herren og lede den syv år lange prøvelse.

Endnu senere vil medlemmerne af EU adskilles, fordi de hver i sær vil søge deres egen vinding. Dette vil ske midt i den syv år lange prøvelse. Begyndelsen af prøvelsen vil finde sted i overensstemmelse med Israels historie og verdenshistorien som profeteret i 12. kapitel af Daniels Bog.

Lige efter at den syv år lange prøvelse begynder, vil EU opnå en enorm magt og styrke. Der vil blive valgt en præsident for hele unionen. Dette vil ske lige efter, at de mennesker, som har taget imod Jesus Kristus som deres Frelser og har fået rette til at blive Guds børn, er blevet transformeret og løftet op i himlen ved Herrens genkomst i luften.

De fleste af jøderne, som ikke har taget imod Jesus som deres Frelser, vil forblive på jorden og lide i den syv år lange prøvelse. Elendigheden og frygten i den lange prøvelse vil være så enorm, at det ikke kan beskrives. Jorden vil være fuld af de mest fortvivlende ting inklusiv krige, mord, henrettelser, hungersnød, sygdomme og katastrofer i større grad end nogensinde før i menneskehedens historie.

Begyndelsen af den 7 år lange prøvelse vil blive signaleret af Israel ved en krig, som vil bryde ud mellem Israel og Mellemøsten. Der har længe væres store spændinger mellem Israel og resten af nationerne i Mellemøsten, og diskussionerne om grænsesætning har været uden ophør. I fremtiden vil disse diskussioner blive endnu værre. En alvorlig krig vil bryde ud, fordi stormagterne vil blande sig i spørgsmålet om olie. De vil skændes indbyrdes for at få en større titel og flere fordele i internationale anliggender.

De Forenede Stater som traditionelt har været Israels allierede, vil støtte Israel. Den Europæiske Union, Kina og Rusland, som er imod USA, vil alliere sig med Mellemøsten, og så vil Tredje Verdenskrig bryde ud mellem disse parter.

Tredje Verdenskrig vil have en helt anden størrelsesorden end Anden Verdenskrig. Under Anden Verdenskrig blev mere end

50 millioner mennesker dræbt eller døde som følge af krigen. Men styrken af moderne våben såsom atombomber, kemiske og biologiske våben og meget andet er uden sammenligning med våbnene under Anden Verdenskrig, og følgerne af at bruge sådanne våben vil være helt utænkelig rædselsfulde.

Alle former for våben inklusiv atombomber og forskellige moderne våben, som er blevet udviklet, vil blive brugt nådeløst, og det vil bringe ubeskrivelige ødelæggelser og nedslagtninger. Landene som har startet krigen, vil blive fuldstændig ødelagt og forarmede. Men det vil ikke være slutningen på krigen. Atombomberne vil skabe radioaktivitet og radioaktiv forurening, alvorlige klimaforandringer og katastrofer over hele kloden. Både de lande, som har startet krigen, og de øvrige lande vil opleve et helvede på jorden.

Midt i krigen vil man stoppe angrebene med atomvåben, fordi deres brug truer hele menneskehedens eksistens. Men alle andre våben og store hære vil accelerere krigen. USA, Kina og Rusland vil ikke være i stand til at rejse sig igen.

De fleste lande i verden vil næsten bryde sammen, men EU vil undslippe de mest ødelæggende skader. EU lover Kina og Rusland deres støtte, men under krigen vil EU ikke deltage aktivt i kampene, og unionen vil derfor ikke lide så store tab som andre.

Når mange andre stormagter inklusiv USA lider store tab og mister magt i krigen af førhen uset størrelsesorden, vil EU blive den mest magtfulde nationale alliance, og regere over verden. Først vil EU kun se til, mens krigen skrider frem, men når andre lande er fuldstændig ødelagt økonomisk og militært, vil EU komme på banen og begynde at løse krigen. De øvrige lande vil ikke have andre muligheder end at følge EU's beslutninger, for de har mistet al deres magt.

Fra da af vil anden halvdel af den syv år lange prøvelse begynde, og i de kommende 3½ år vil antikrist, som er EU's leder, kontrollere hele verden og kanonisere sig selv. Og han vil torturere og forfølge de mennesker, som sætter sig op imod ham.

Antikrists sande natur afsløres

I de tidlige stadier af Tredje Verdenskrig vil flere lande have lidt store tab på grund af krigen, og EU vil love økonomisk støtte til dem gennem Kina og Rusland. Israel vil være blevet ofret som krigens centrale fokus, og EU vil love at bygge det hellige tempel for Gud, som Israel har længtes efter. Med denne formildelse fra EU vil Israel drømme om at genopleve den herlighed, de nød ved Guds velsignelse for længe siden. De vil derfor også alliere sig med EU.

Præsidenten af EU vil blive anset for en frelser af jøderne på grund af hans støtte til Israel. Den langtrukne krig i Mellemøsten vil synes at blive afsluttet, og jøderne vil genoprette det lovede land og bygge Guds hellige tempel. De vil tro, at den Messias og konge, som de så længe har ventet på, endelig er kommet, og at han vil genoprette Israel og forherlige landet.

Men deres forventninger og glæde vil hurtigt falde til jorden.

Når Guds hellige tempel er blevet rekonstrueret i Jerusalem, vil der ske noget uventet. Dette er blevet profeteret i Daniels Bog:

"Han vil slutte en stærk pagt med de mange i én uge. Men midt i ugen vil han bringe slagtoffer og afgrødeoffer til ophør. Ødelæggeren kommer på vederstyggelighedens vinger, og det varer, indtil den ødelæggelse, der er besluttet, vælder frem mod ødelæggeren selv" (Daniel Bog 9:27).

"Nogle af hans hærstyrker tager opstilling og vanhelliger helligdommen, den faste borg; de afskaffer det daglige offer og opstiller Ødelæggelsens Vederstyggelighed" (Daniels Bog 11:31).

"Fra den tid det daglige offer bliver afskaffet og Ødelæggelsens Vederstyggelighed opstillet, går der 1290 dage" (Daniels Bog 12:11).

Disse tre vers henviser alle til en enkelt hændelse, som de er fælles om at beskrive. Det er selve den hændelse, som vil markere tidens afslutning, og som Jesus omtalte i dette vers:

Han sagde i Matthæusevangeliet 24:15-16: *"Når I derfor ser Ødelæggelsens Vederstyggelighed, som der er talt om ved profeten Daniel, stå på hellig grund – den, der læser dette, skal mærke sig det! – da skal de, der er i Judæa, flygte ud i bjergene."*

I starten vil jøderne tro, at EU har rekonstrueret Guds tempel i det Hellige land, men når vederstyggeligheden står på det hellige sted, vil de blive chokerede og indse, at deres tro har været forkert. De vil se, at de har vendt blikket bort fra Jesus Kristus, og at han er deres Messias og menneskehedens Frelser.

Dette er grunden til, at Israel må vækkes nu. Hvis ikke Israels folk vækkes nu, så vil de ikke være i stand til at indse sandheden i tide. Og hvis de ser sandheden for sent, vil det være uigenkaldeligt.

Jeg ønsker så inderligt for dig, Israel, at du må blive vækket, sådan at du ikke falder for antikrists fristelser og får dyrets mærke. Hvis du lader dig bedrage af de lokkende og fristende ord, når antikrist lover dig fred og fremgang, og modtager dyrets mærke, 666, vil du blive tvunget uigenkaldeligt ind på vejen til evig død.

Det er sørgeligt, at det først er, når dyrets identitet er blevet afsløret, som det er profeteret af Daniel, at mange af jøderne vil indse, at fokusset i deres tro har været forkert. Jeg håber, at de gennem denne bog vil tage imod den Messias, som Gud allerede har sendt, og undgå at falde ind i den syv år lange prøvelse.

Som jeg har forklaret ovenfor, er det nødvendigt at tage imod Jesus Kristus og at have en tro, som er passende i Guds øjne. Det er den eneste måde, hvorpå man kan undslippe den syv år lange prøvelse.

Hvor vil det være ærgerligt ikke at blive løftet op i himlen, men i stedet blive efterladt på jorden ved Herrens genkomst!

Heldigvis vil der være en sidste chance for frelse.

Jeg bønfalder indtrængende alle om at tage imod Jesus Kristus med det samme og leve i fællesskab med brødre og søstre i Kristus. Selv nu er det ikke for sent at lære gennem Bibelen og denne bog, hvordan man vil være i stand til at holde fast i sin tro under den kommende prøvelse, og finde den udvej, som Gud har beredt, som en sidste mulighed for frelse.

Guds ufejlbarlige kærlighed

Gud har fuldført sit forsyn for menneskets frelse gennem Jesus Kristus, og uanset race og folk vil enhver, som tager imod Jesus som sin Frelser og udfører Guds vilje, blive Guds barn, og få mulighed for at opnå det evige liv.

Men hvad er der sket med Israel og dets folk? Mange af dem har ikke taget imod Jesus Kristus og er langt væk fra vejen til frelse. Hvor er det dog en skam, at de først vil indse, at vejen til frelse går gennem Jesus Kristus, når Herren kommer igen i luften, og de frelste børn af Gud vil blive taget op fra jorden og ind i himlen!

Så hvad vil der blive af Guds udvalgte Israel? Vil de blive udelukket fra paraden af de frelste børn af Gud? Kærlighedens Gud har beredt en forbløffende plan for Israel i de sidste øjeblikke af menneskehedens historie.

> *"Gud er ikke et menneske, så han lyver, et menneskebarn, så han angrer. Når han har sagt noget, gør han det; når han har lovet noget, lader han det ske"* (Fjerde Mosebog 23:19).

Hvad er det sidste forsyn, som Gud har planlagt for Israel ved tidens afslutning? Gud har beredt vejen for "eftersankningsfrelsen" for sit udvalgte Israel, sådan at de kan opnå frelse ved at indse, at Jesus, som de korsfæstede, er den Messias, som de har set frem til så længe, og ved grundigt at angrer deres synder for Gud.

Eftersankningsfrelse

Under den syv år lange prøvelse er der nogle af de mennesker, som bliver efterladt på jorden, der vil tro og acceptere i deres hjerter, at himlen og helvede virkelig eksisterer, at Gud lever og at Jesus Kristus er vores eneste Frelser. De har se, at mange mennesker er blevet løftet op i himlen og kender derfor sandheden, så de vil forsøge ikke at få dyrets tegn. Efter henrykkelsen vil de forandre sig, læse Guds ord som det er nedfældet i Bibelen, forsamle sig, holde gudstjenester og forsøge at leve ved Guds ord.

I de tidlige stadier af den store prøvelse vil mange mennesker være i stand til at føre religiøse liv og endda forkynde overfor andre, for der vil endnu ikke være nogen organiseret forfølgelse. De vil ikke få dyrets tegn, for de ved allerede, at de ikke kan opnå frelse med dette mærke, og de vil gøre deres bedste for at føre liv, som er værdige til frelse selv under den store prøvelse. Men det vil være vanskeligt for dem at fastholde deres tro, for Helligånden har forladt verden.

Mange af dem vil begræde, at de ikke har nogen til at afholde gudstjenesterne og til at hjælpe dem med at øge deres tro. De er nødsaget til at fastholde troen uden Guds beskyttelse og styrke. De vil sørge og angre over, at de ikke har fulgt læren i Guds ord, selv om de blev rådet til at tage imod Jesus Kristus og føre trofaste liv. Og de vil være nødt til at holde fast i deres tro under alle former for prøvelser og forfølgelser i denne verden, hvor det vil være vanskeligt for dem at finde Guds sande ord.

Nogle af dem vil gemme sig dybt i de afsides liggende bjerge for ikke at modtage dyrets mærke, 666. De vil være nødt til at lede efter planterødder og slå dyr ihjel for at få noget at spise, for de kan hverken købe eller sælge noget uden dyrets mærke. Men under den anden halvdel af den lange prøvelse, i de sidste 3½ år, vil antikrists hær strengt og årvågent jage de troende. Det vil ikke betyde noget, at de gemmer sig i bjergene; de vil blive opdaget og ført bort af hæren.

Dyrets regering vil finde dem, som ikke har fået dyrets mærke, og tvinge dem til at benægte Herren og til at modtage mærket gennem alvorlig tortur. Til sidst vil mange af dem overgive sig på grund af de smerte og rædsel, de bliver udsat for, og de vil ikke have andre muligheder end at modtage mærket.

Hæren vil hænge dem nøgne på væggen og stikke i dem med et vridbor. De vil trække huden af hele kroppen fra top til tå. De vil torturere børn for øjnene af deres forældre. Den tortur, som hæren vil udsætte folk for, er så overvældende grusom, at det vil være virkelig vanskeligt at dø martyrdøden.

Der er derfor kun få personer, som vil overvinde torturen med en viljestyrke hinsides almindelige menneskelige begrænsninger. De vil dø martyrdøden, hvorved de bliver frelst og kommer i himlen. Nogle mennesker vil således blive frelst ved at fastholde deres tro uden at forsage Herren og ofre deres liv for martyriet under antikrists kontrol i den lange prøvelse. Dette kaldes "eftersankningsfrelse."

Gud har dybe hemmeligheder, som han har beredt til eftersankningsfrelsen af sit udvalgte Israel. Det er de to vidner og stedet Petra.

De to vidners opdukken og virke

I Johannesåbenbaringen 11:3 står der: *"Og jeg vil sætte mine to vidner til at profetere i tolv hundrede og tres dage, klædt i sæk."* De to vidner er de mennesker, som Gud har indsat i sin plan fra tidens begyndelse til at frelse sit udvalgte Israel. De vil vidne for jøderne i Israel om at Jesus Kristus er selveste Messias, som der er blevet profeteret om i det Gamle Testamente.

Gud har talt til mig om de to vidner. Han har forklaret, at de er forholdsvis unge, de følger retfærdigheden, og de har retskafne hjerter. Og han har ladet mig vide, hvilken form for bekendelse den ene af de to foretager for Gud. Denne person fortæller i sin bekendelse, at han har troet på jødedommen, men har hørt, at mange mennesker tror på Jesus Kristus som Frelseren og taler om ham. Så han beder til Gud om at hjælpe ham med at skelne mellem sandt og falsk med ordene:

"Åh, Gud!

Hvad er det, der tynger mit hjerte?
Jeg tror på alle de ting,
som jeg har hørt fra mine forældre og selv talt,
siden jeg var ung,
men hvad er nu disse bekymringer og spørgsmål i mit hjerte?

Mange mennesker taler om Messias.

Men hvis bare nogen kunne vise mig
med klare og tydelige beviser
om det er rigtigt at tro dem
eller at tro på det, jeg har hørt siden jeg var ung,
så ville jeg være glad og taknemmelig.

Men jeg kan ikke se noget,
og hvis jeg skal følge det, som disse mennesker taler om,
er jeg nødt til at anse alt det, som jeg har overholdt, siden jeg var ung,
for meningsløst og fjollet.
Hvad er mon det rigtige i dine øjne?

Fader Gud!
Hvis du vil,
så vis mig et mennesker, som kan etablerer alt og forstå alt.
Lad ham komme til mig og undervise mig
om det, der er korrekt og det, der virkeligt er sandt.

Når jeg ser op i himlen,
har jeg denne bekymring i min hjerte,
og hvis nogen kan løse dette problem,
så vis mig ham.

Jeg kan ikke af hjertet bedrage alle de ting, jeg har troet,
og når jeg grunder over alle disse ting,
vil det ikke være et bedrage af det,
jeg har lært og set,
hvis der er nogen, der kan undervise mig og vise mig det,
hvis han kan vise mig, at det er sandt.

Derfor, Fader Gud!
Vil du ikke vise mig det.

Giv mig forståelse af alle disse ting.

Jeg er bekymret over så mange ting.
Jeg tror, at alle de ting, jeg har hørt indtil nu, er sande.

Men når jeg grunder over dem igen og igen,
har jeg så mange spørgsmål, og min tørst slukkes ikke;
Hvorfor er det sådan?

Hvis jeg derfor bare kan se alle disse ting
og være sikker på dem;
kun hvis jeg kan være sikker på, at det ikke er et bedrag

mod den vej, jeg har gået indtil nu;
kun hvis jeg kan se, hvad der virkeligt er sand;
kun hvis jeg kan vide alle de ting,
som jeg har tænkt over,
så vil jeg være i stand til at få fred i hjertet."

De to vidner, som er jøder, søger grundigt efter den rene sandhed, og Gud vil svare dem og sende dem et gudeligt menneske. Gennem dette menneske vil de indse Guds forsyn for den menneskelige kultivering og tage imod Jesus Kristus. De vil blive på jorden under den syv år lange prøvelse og udføre deres virke for Israels anger og frelse. De vil få en særlig kraft fra Gud og vidne om Jesus Kristus for Israel.

De vil vise sig fuldt ud hellige i Guds øjne, og udføre deres virke i 42 måneder, som der står i Johannesåbenbaringen 11:2. De to vidner kommer fra Israel, fordi begyndelsen og enden til budskabet er i Israel. Budskabet blev spredt ud over verden af apostlen Paulus, og hvis budskabet igen når Israel, hvor det havde sit udgangspunkt, vil dets gerning være fuldført.

Jesus siger i Apostlenes Gerninger 1:8: *"Men I skal få kraft, når Helligånden kommer over jer, og I skal være mine vidner både i Jerusalem og i hele Judæa og Samaria og lige til jordens ende."* Jordens ende henviser her til Israel, som er budskabets endelige destination.

De to vidner vil prædike budskabet fra korset til jøderne

og forklare den om vejen til frelse med Guds flammende kraft. Og de til udføre forbløffende undere og mirakuløse tegn, som bekræfter budskabet. De vil have kraft til at lukke himlen, så regnen ikke vil falde de dage, hvor de profeterer; og de har kraft til at forvandle vandet til blod, og ramme jorden med enhver plage lige så tit, de ønsker.

Gennem dette vil mange jøder vende tilbage til Herren, men på samme tid vil andre blive stødt på samvittigheden og forsøge at dræbe de to vidner. Ikke alene disse jøder, men også mange andre onde mennesker fra andre lande, som er under antikrists kontrol, vil hade de to vidner dybt og forsøge at slå dem ihjel.

De to vidners martyrium og genopstandelse

Den kraft, de to vidner har, er så stor, at ingen vil vove at skade dem. Til sidst vil landets autoriteter deltage i at dræbe dem. Men når de to vidner dør, sker det ikke på grund af landets autoriteter. Det sker, fordi det er Guds vilje, at de skal blive martyrer på et udset tidspunkt. Det sted, hvor de vil blive martyrer, er selveste stedet for Jesu korsfæstelse, hvilket antyder deres genopstandelse.

Da Jesus blev korsfæstet, holdt romerske soldater vagt ved hans grav, sådan at ingen skulle tage liget. Men senere var hans krop ikke at finde, fordi han var genopstået. De mennesker, som vil ønske at slå de to vidner ihjel, vil huske dette og være bekymrede for, at nogen vil tage deres kroppe. Så de vil ikke tillade at kroppene bliver begravet i en grav. I stedet vil de lægge ligene på gaden, sådan at alle mennesker i verden kan se dem. De onde mennesker, som er blevet stødt på samvittigheden af det budskab, som de to vidner har prædiket, vil glæde sig over deres død.

Hele verden vil glæde sig og fejre begivenheden, og massemedierne vil udbrede nyheden om vidnernes død til hele verden gennem satellitter i 3½ dag. Derefter vil de to vidner genopstå. De vil blive gjort levende igen, opstå og blive løftet op i himlen i en sky af herlighed, ligesom Elijas, som blev taget op til himlen i en hvirvelvind. Denne forbløffende scene vil blive udsendt over hele verden, og utallige mennesker vil se den.

I samme stund vil der komme et stort jordskælv, og en tiendedel af byen vil falde sammen. Syv tusind personer vil omkomme i jordskælvet. Johannesåbenbaringen 11:3-13 beskriver dette i detaljer:

> "Og jeg vil sætte mine to vidner til at profetere i tolv hundrede og tres dage, klædt i sæk. Vidnerne er de to oliventræer og de to lysestager, som står foran jordens Herre. Hvis nogen vil gøre dem fortræd, står der ild ud af deres mund og fortærer deres fjender; hvis nogen vil gøre dem fortræd, er det sådan, han skal dræbes. De har magt til at lukke himlen, så der ikke falder regn, så længe de profeterer, og de har magt til at forvandle vandet til blod og ramme jorden med enhver tænkelig plage, så tit de vil. Når de har fuldført deres vidnesbyrd, skal dyret, der stiger op af

afgrunden, føre krig mod dem og sejre over dem og dræbe dem. Og deres lig skal ligge på gaden i den store by, hvis åndelige navn er Sodoma og Egypten, og hvor deres herre blev korsfæstet. Mennesker af alle folk og stammer, tungemål og folkeslag skal se deres lig i tre og en halv dag, men vil ikke tillade, at deres lig bliver lagt i graven. Og de, der bor på jorden, skal glæde sig over det og juble og sende hinanden gaver, for disse to profeter havde været en plage for dem, der bor på jorden. Men efter tre og en halv dags forløb kom der livsånde fra Gud ind i dem, og de rejste sig op på deres fødder, og der kom stor frygt over dem, der så dem. De hørte en høj røst fra himlen sige til dem: 'Kom herop!' Og de steg op til himlen i skyen, mens deres fjender så på det. I samme stund kom der et stort jordskælv, så en tiendedel af byen styrtede sammen. Ved det jordskælv blev der dræbt syv tusind mennesker; og resten blev grebet af frygt og gav himlens Gud æren" (Johannesåbenbaringen 11:3-13).

Uanset hvor stædige folk er, vil de indse, at det store jordskælv og de to vidners genopstandelse og opstigning til himlen er Guds værk, og de vil ære Gud, hvis bare de har den mindste godhed i hjertet. De vil være tvunget til at anerkende, at Jesus genopstod med Guds kraft for 2000 år siden. Til trods for alle disse hændelser, vil der være nogle onde mennesker, som ikke ærer Gud.

Jeg tilskynder jer alle til at tage imod Guds kærlighed. Gud ønsker at frelse os og giver os derfor de to vidner i det sidste øjeblik. De to vidner vil vise med stor kraft, at de er kommet fra Gud. De vil vække mange mennesker til Guds kærlighed og vilje. Og de vil føre os til at gribe denne sidste chance for frelse.

Jeg beder jer inderligt om ikke at holde jer til fjenderne, som tilhører den djævel, der vil lede jer på destruktionens vej, men i stedet lytte til de to vidner og opnå frelse.

Petra, et tilflugtssted for jøderne

Den anden hemmelighed, som Gud har bestemt for sit udvalgte Israel, er Petra, et tilflugtssted under den syv år lange prøvelse. Esajas' Bog 16:1-4 forklarer om dette sted ved navn Petra:

> *"Landets herskere sender vædderlam fra Sela gennem ørkenen til Zions datters bjerg. Som flaksende fugle, som unger skræmt op fra reden er Moabs kvinder ved Arnons vadesteder. 'Giv os et råd, træf en beslutning! Lad din skygge være som natten ved højlys dag! Skjul de fordrevne, røb ikke de flygtede! Giv Moabs fordrevne husly, skjul dem for voldsmanden!' Når undertrykkelsen er forbi, og ødelæggelsen er ovre, når han, der trådte ned for fode, er udryddet fra jorden"* (Esajas' Bog 16:1-4).

Moabs land henviser til Jordan i den østlige side af Israel. Petra er en arkæologisk udgravning i det sydvestlige Jordan, som ligger på skråningen af bjerget Hor mellem bjergene, som danner den østlige side af Arabah (Wadi Araba), den store dal, som løber fra det Døde Hav til Aqaba Golfen. Petra identificeres normalt med Sela, som også betyder sten, ud fra de bibelske henvisninger i Anden Kongebog 14:7 og Esajas' Bog 16:1.

Efter Herrens genkomst i luften vil han modtage de frelste mennesker og nyde den syv år lange bryllupsfest. Derefter vil han komme ned til jorden sammen med de frelse, og regere over verden i et årtusind. I de syv år, der går mellem Herrens genkomst i luften ved henrykkelsen og hans komme til jorden, vil den store prøvelse ramme hele kloden. I den sidste halvdel af den lange prøvelse, tre og et halvt år eller 1260 dage, vil Israels folk skjule sig på et sted, der er beredt i overensstemmelse med Guds plan. Dette skjulested er Petra (Johannesåbenbaringen 12:6-14).

Så hvorfor vil jøderne have brug for et skjulested?

Efter at Gud har valgt Israels folk, er Israel blevet angrebet og forfulgt af adskillige ikke-jødiske racer. Det skyldes, at djævlen, der altid sætter sig op mod Gud, har forsøgt at hindre Israel i at få Guds velsignelse. Det samme vil ske under tidens afslutning i verden.

Når jøderne under den syv år lange prøvelse indser, at deres Messias og Frelser er Jesus, som kom ned til jorden for 2000 år siden, vil de forsøge at angre, og djævlen vil forfølge dem til det sidste for at forhindre dem i at fastholde deres tro.

Gud, som ved alt, har beredt et skjulested til sit udvalgte Israel. Gennem dette viser han sin kærlighed og sin særlige omsorg for dem. Ifølge denne kærlighed og plan, vil Israel komme til Petra for at slippe bort fra ødelæggerne.

Som Jesus siger i Matthæusevangeliet 24:16: *"Da skal de, der er i Judæa, flygte ud i bjergene."* Jøderne vil være i stand til at slippe fra den syv år lange prøvelse i skjulestedet i bjergene, og der vil de kunne fastholde deres tro og opnå frelse.

Da dødens engel tog alle de førstefødte i Egypten, kontaktede hebræerne hurtigt hinanden i hemmelighed, og undslap plagen ved at smøre lammeblod på de to dørstolper og overliggeren over døren til deres hus.

På samme måde vil jøderne kontakte hinanden for at fortælle, hvor de kan tage hen, og tage til skjulestedet før antikrists regering begynder at arrestere dem. De vil kende til Petra, fordi mange evangelister har vidnet om skjulestedet, og selv de mennesker, som ikke har troet, vil beslutte sig for at søge dertil.

Der vil ikke være plads til mange mennesker i skjulestedet. Rent faktisk vil mange af de mennesker, som angrer gennem de to vidner, ikke være i stand til at skjule sig i Petra, men de vil bevare deres tro under den store prøvelse og senere dø martyrdøden.

Guds kærlighed gennem de to vidner og Petra

Kære brødre og søstre, har I forpasset chancen for frelsen

ved henrykkelsen? Så tøv ikke med at tage til Petra, den sidste mulighed for frelse, som er givet ved Guds nåde. Snart vil der komme frygtelige katastrofer ved antikrist. I må skjule jer i Petra før den sidste nådes dør lukkes på grund af indflydelsen fra antikrist.

Nuvel, har I ikke mulighed for at komme til Petra? Så er den eneste vej til frelsen og til at komme i himlen ikke at benægte Herren og ikke at modtage dyrets mærke, 666. I må overvinde alle former for vederstyggelig tortur og dø martyrdøden. Det er langt fra nemt, men det vil være nødvendigt for at undslippe den evige tortur i ildsøen.

Jeg ønsker inderligt, at I ikke vil vende jer bort fra vejen til frelse, men i stedet huske på Gud ufejlbarlige kærlighed til enhver tid og modigt overvinde alt. Mens I kæmper og slås mod alle former for fristelser og de forfølgelser, som antikrist vil påføre jer, vil vi brødre og søstre i troen bede oprigtigt for jeres triumf.

Men vores sande ønske er, at I må tage imod Jesus Kristus før alle disse ting sker, og blive løftet op i himlen sammen med os for at deltage i bryllupsfesten med vor Herre. Vi beder uophørligt med kærlige tårer for at Gud vil huske trosfædrenes trofaste handlinger og den pagt, han sluttede med dem, og give jer frelsens store nåde endnu engang.

I sin store kærlighed har Gud beredt de to vidner og Petra, sådan at I kan tage imod Jesus Kristus som Messias og Frelseren, og opnå frelse. Jeg tilskynder jer til at huske denne ufejlbarlige kærlighed fra Gud, som aldrig vil opgive jer, indtil det sidste øjeblik i menneskehedens historie.

Kærlighedens Gud har sendt et gudeligt menneske forud for de to vidner som forberedelse på den store prøvelse. Dette menneske vil fortælle, hvad der vil ske i verdens sidste tid, og føre jer på vejen til frelse. Gud ønsker ikke, at så meget som en enkelt af jer skal blive tilbage på jorden under den syv år lange prøvelse. Og selv hvis I skulle blive efterladt efter henrykkelsen, så ønsker han, at I skal gribe den sidste mulighed for frelse. Dette er Guds store kærlighed.

Det vil ikke vare længe, før den syv år lange prøvelse begynder. I den største prøvelse gennem hele menneskehedens historie vil vores Gud gennemføre sin kærlige plan for Israel. Den menneskelige kultiverings historie vil blive afsluttet sammen med Israels historie.

Lad os antage, at jøderne forstod Guds sande vilje og tog imod Jesus som deres Frelser med det samme. Så ville det være nødvendigt at rette og genskrive Israels historie, som den er nedfældet i Bibelen, men det ville Gud gøre med glæde. Det skyldes, at Guds kærlighed til Israel er hinsides vores forestillingsevne.

Men mange jøder er gået, går og vil gå deres egne veje, indtil de møder det kritiske øjeblik. Gud den almægtige, som ved alt, der vil ske i fremtiden, har udset det sidste øjeblik til jeres frelse, og leder jer med sin ufejlbarlige kærlighed.

> *"Se, jeg sender profeten Elias til jer, før Herrens dag kommer, den store og frygtelige. Han skal vende fædres hjerte til deres sønner og sønners hjerte til deres fædre, så jeg ikke skal komme og slå landet med forbandelse"* (Malakias' Bog 3:23-24).

Jeg giver al tak og ære til Gud, som leder ikke kun Israel, hans udvalgte folk, men også alle andre folkeslag på vejen til frelse med sin uendelige kærlighed.

Forfatteren:
Dr. Jaerock Lee

Dr. Jaerock Lee blev født i Muan, Jeonnam provinsen, i den koreanske republik i 1943. Da han var i tyverne, led han af en række uhelbredelige sygdomme syv år i træk, og ventede på døden uden håb om bedring. Men en dag i foråret 1974 tog hans søster ham med i kirke, og da han knælede for at bede, helbredte den Levende Gud straks alle hans sygdomme.

Fra det øjeblik hvor Dr. Lee mødte den Levende Gud gennem denne vidunderlige oplevelse, elskede han Gud oprigtigt af hele sit hjerte, og i 1978 blev han kaldet som Guds tjener. Han bad indtrængende om klart at forstå og opfylde Guds vilje, og adlød alle Guds bud. I 1982 grundlagde han Manmin Centralkirke i Seoul, Korea, og siden da har utallige af Guds gerninger fundet sted i denne kirke, inklusiv mirakuløse helbredelser og undere.

I 1986 blev Dr. Lee ordineret som pastor ved den årlige forsamling for Jesu Sungkyul kirke i Korea, og fire år senere i 1990 begyndte hans prædikener at blive udsendt til Australien, Rusland, Filippinerne og mange andre steder gennem det Fjernøstlige Udsendelsesselskab, Asiatisk Udsendelsesstation og Washington Kristne Radio.

Tre år senere i 1993 blev Manmin Centralkirke placeret på Top 50 for kirker over hele verden af magasinet *Christian World* i USA, og Dr. Lee modtog et æresdoktorat i guddommelighed fra Fakulteter for Kristen Tro i Florida, USA, og i 1996 en Ph.D i præsteembede fra Kingsway Teologiske Seminar, Iowa, USA.

Siden 1993 har Dr. Lee været en førende person i verdensmissionen gennem mange oversøiske kampagner i Tanzania, Argentina, Los Angeles, Baltimore City, Hawaii, New York City, Uganda, Japan, Pakistan, Kenya, Filippinerne, Honduras, Indien, Rusland, Tyskland, Peru, Congo, Israel og Estland.

I 2002 blev han anerkend som en "verdensomspændende pastor" af en større kristen avis i Korea på grund af hans kraftfulde virke under mange oversøiske kampagner. Hans kampagne i New York 2006, som blev afholdt i Madison Square Garden, verdens mest berømte arena, skal særligt fremhæves. Dette arrangement blev udsendt til 220 forskellige lande. Desuden afholdt han en Fælles Kampagne i Israel i 2009 på det Internationale Kongrescenter (ICC) i Jerusalem, hvor han frimodigt forkyndte at Jesus Kristus er Messias og Frelser.

Hans prædikener bliver udsendt til 176 lande via satellitter, deriblandt GCN TV, og han er komme med på listen over de "10 mest indflydelsesrige kristne ledere" i 2009 og 2010 af det populære kristne russiske blad I sejr og nyhedsbureauet Christian Telegraph for hans kraftfulde virke over TV og som pastor for kirken i udlandet.

På nuværende tidspunkt (maj 2014) er Manmin Centralkirke en menighed med mere end 120.000 medlemmer. Der er 10.000 søsterkirker over hele kloden, inklusiv 56 i Korea og mere end 129 missionærer udsendt til 23 lande, inklusiv USA, Rusland, Tyskland, Canada, Japan, Kina, Frankrig, Indien, Kenya og mange flere.

Indtil nu har Dr. Lee skrevet 85 bøger, blandt andet bestsellerne *En smagsprøve på det evige liv før døden; Mit liv, min tro I&II; Budskabet fra korset; Målet af tro; Himlen I&II; Helvede; Vågn op, Israel* og *Guds kraft* og hans værker er blevet oversat til mere end 75 sprog.

Hans kristne artikler er udsendt i *Hankook Ilbo, JoongAng Daily, The Chosun Ilbo, Dong-A Ilbo, Munhwa Ilbo, Seoul Shinmun, Kyunghyang Shinmun, The Korea Economic Daily, The Korea Herald, Shisa News* og *The Christian Press.*

Dr. Lee er for øjeblikket leder af mange missionsorganisationer og foreninger, blandt andet bestyrelsesformand for Korea Forenede Hellighedskirke, Præsident for Manmin verdensmission, Præsident for Foreningen for Missionen for Verdensomspændende Kristen Vækkelse, Grundlægger og bestyrelsesformand for det Globale Kristne Netværk (GCN), Grundlægger og Bestyrelsesformand for Verdensnetværket af Kristne Læger (WCDN) og Grundlægger og Bestyrelsesformand for Manmin Internationale Seminar (MIS).

Andre stærke bøger af samme forfatter

Himlen I & II

En detaljeret skitse af det prægtige liv som de himmelske borgere vil nyde, og en beskrivelse af forskellige niveauer af himmelske riger.

Budskabet fra Korset

En stærk vækkelsesbesked til alle menneske, som sover i spirituel forstand. I denne bog vil du se årsagen til, at Jesus er den eneste Frelser, og fornemme Guds sande kærlighed.

Helvede

En indtrængende besked til hele menneskeheden fra Gud, som ikke ønsker at en eneste sjæl skal falde i helvedes dyb! Du vil opdage en redegørelse, som aldrig før er blevet offentliggjort, over de barske realiteter i Hades og helvede.

Ånd, Sjæl og Krop I & II

Gennem en åndelig forståelse af ånd, sjæl og krop, som er menneskets komponenter, kan læserne få indblik i deres "selv" og opnå indsigt i selve livet. Denne bog viser læserne genvejen til at deltage i den guddommelige natur og få alle de velsignelser, som Gud har lovet.

Målet af Tro

Hvilken slags himmelsk bolig og hvilken slags krans og belønninger er blevet gjort klar i himlen? Denne bog giver visdom og vejledning til at måle sin tro, og kultivere den bedste og mest modne tro.

Vågn op, Israel

Hvorfor har Gud holdt øje med Israel fra verdens begyndelse indtil nu? Hvad er hans forsyn for de sidste dage for Israel, som venter på Messias?

Mit Liv, Min Tro I & II

En velduftende spirituel aroma, som er et ekstrakt af den uforlignelige kærlighed til Gud, som blomstrede op midt i mørke bølger, under det tungeste åg og i den dybeste fortvivlelse.

Guds Kraft

En essentiel vejledning, hvorved man kan opnå sand tro og opleve Guds forunderlige kraft. En bog, som må læses.

www.urimbooks.com

www.ingramcontent.com/pod-product-compliance
Lightning Source LLC
LaVergne TN
LVHW041811060526
838201LV00046B/1214